주식
월급 만들기
프로젝트

주식
월급 만들기
프로젝트

답 없는 내 계좌 살릴
진짜 주식 공부법

이평화 지음

아템포

이 책이 출간되기까지 도움을 주신 감사한 많은 분과

내 생애 최고의 발견, KJH씨에게

이 책을 바칩니다.

차례

프롤로그

99%를 위한 주식 책

직장생활을 하면서 월급만으로는 내가 꿈꾸는 삶을 평생 이룰 수 없다는 현실을 깨달았다. 바늘구멍 같은 취업 관문만 통과하면 인생 승리자가 될 줄 알았는데, 취업 후에는 더욱더 냉혹한 현실이 기다리고 있었다. 대학 시절 받던 아르바이트 월급에 비해 많게 느껴졌던 회사 월급도 시간이 갈수록 내가 원하는 것을 누리기에는 턱없이 부족하게 느껴졌고 매일 반복되는 업무와 인간관계 스트레스는 점점 더 심해졌다. 연차가 높아질수록 직장이란 곳이 그냥 열심히 일만 해서는 인정받을 수 있는 데가 아니라는 씁쓸한 사실도 깨닫게 되었다. 그런데 무엇보다 불안했던 것은 회사에서는 정년조차 보장되지 않는다는 점 때문이었다. 100세 시대라는데, 그 절반 정도의 나이에 퇴직하면 대체 어떻게 살아갈까를 생각해보니 눈앞이 깜깜해졌다. 나는 '내가 꿈꾸는 삶을 살기 위해서'뿐 아니라 '직장 없이도 생존할 수 있는 최소한의 보호장치를 만들기 위해' 주식투자를 시작했다. 당시 사업을 시작할 용기나 참신한 아이디어도, 부동산을 매입할 제법 큰 목돈도 없던 나에게 주식은 그 모든 것을 이루게 해줄 유일한 희망이었다.

지금의 내 삶은 독특하면서도 평화롭다. 직장을 다니지 않고 주식투자로 돈을 벌어서 산다. 스마트폰이나 노트북으로 주식을 거래할 수 있는 데라면 그곳이 어디든 사무실이 된다. 1년 365일이 정말 자유롭다!!

그렇다고 처음부터 모든 것이 순조롭지만은 않았다. 많은 실패와 공부, 깨달음이 필요했다. 도박처럼 들쑥날쑥한 수익/손실에 결국 수년간 모은 돈을 거의 다 날리는 일까지 있었다.

나는 몇십억 단위의 목돈을 배당주에 넣어두고 배당생활을 하는 배당 귀족도 아니고 수년간 한 종목에 장기적으로 가치투자해 대박난 경우도 아니다. 물론 장기투자를 하는 종목도 있지만 그저 일하고 월급을 받듯이 주식투자로 돈을 벌어 월급으로 쓴다. 많은 사람이 처음에는 나와 같은 방식으로 살기 위해 주식을 시작하지만 결국 배당이나 장기 가치투자로 돌아서곤 한다. 거기에는 이유가 있다. 바로 안정성. 주식투자에서 안정성을 유지하기란 쉽지 않기 때문이다. 그렇다고 내가 대단한 사람일까? 그것은 아니다. 나는 지극히 평범한 비전공 개인투자자일 뿐이다. 그리고 누구나 접근 가능한 시중에 나도는 지식들로 혼자 공부했다. 다만 나를 포함해 99%의 사람들이 갖고 있는 주식에 대한 선입견을 깼더니 지금과 같은 생활이 가능해졌다. 이 책은 그

선입견이 무엇이고, 주식을 어떻게 공부했는지 참고했던 책부터 멘탈 관리까지 차근차근 단계별로 최대한 이해하기 쉽게 설명했다.

나의 월 소득이 얼마인지 궁금할 것이다. 솔직히 책을 쓰면서 수익을 밝히는 것이 적잖이 망설여졌다. 주식계의 공무원을 표방하며 나에게는 시간적·금전적 자유를 가져다준 충분히 만족스럽고 감사한 소득이지만 나보다 수익이 적은 투자자가 본다면 거드름 피우는 것처럼 보일 테고, 월 수억 원을 버는 슈퍼개미들이 볼 때는 우스워 보일 것이기 때문이다. 그리고 솔직히 독자들은 내가 돈을 얼마나 벌었는지보다 내가 지금처럼 자유롭게 살기 위해 '어떻게', '무엇을' 공부했는지가 더 궁금하지 않을까? 하지만 나처럼 지극히 평범한 사람이 누구나 접근할 수 있는 자료로 공부했을 때 어느 정도의 결과를 얻게 되는지를 공개해야 독자들도 이 책을 읽을지, 말지 판단할 수 있으리라는 생각이 들었다. 그래서 용기를 냈다.

스스로 공부법을 찾아가며 소액의 종잣돈으로 시작했기에 주식 월급 월 500만 원을 넘기기까지 3년 6개월이 걸렸다. 하지만 투자금이 계속 쌓이면서 지금은 많이 벌 때는 N천대의 초고연봉 전문직이나 사업가의 수입 정도를 얻기도 한다. 한 번에 많이 버는 것보다 꾸준한 수익률을 내는 연습을 중점적으로 한 덕에 주식시장이 정말 나쁜 장에서도 직장을 충분히 대신할 수 있는 수익을 계속 낸다. 1, 2년간의 반짝 수익 말고 수년간 직업이라 말할 수 있을 만큼의 꾸준한 주식 수익. 전업주부이자 아이 엄마로서 아이도 돌보면서 이런 엄청난 워라밸의 소득을 얻는다는 것은 정말 큰 축복이라고 생각한다.

이 책에는 내가 무엇을 얼마나 어떻게 공부했고 어떤 식으로 투자하는지 모두 담겨 있다. 그리고 여기에 소개한 공부법은 가치투자, 장기투자, 배당투자 등 가리지 않고 모두 적용할 수 있다. 주식을 공부한 방법, 무슨 책을 얼마나 보았는지, 매수/매도 방법, 투자 마인드, 투자 스킬 등 주식을 하는 데 필요한 필수적이면서 기본적인 부분이 빠짐없이 설명되어 있다. 그러므로 이 책이 단기투자에만 국한된다고 생각하지 않기를 바란다. 나 역시 배당·장기 투자 종목이 따로 있고 다만 월 소득을 단기투자로 충당하기 때문에 기본적으로 계속 다루는 것뿐이다.

99 vs. 1이 아닌 99 → 100(%)

이 책에서 말하는 '99%'는 이중적 의미를 지닌다. 99%는 '대다수의 사람들', 즉 '보통 사람들'을 뜻하기도 하고 또 100%가 되기 직전인 거의 완전한 상태의 99%를 뜻하기도 한다. 특히 나는 후자의 의미를 더 좋아한다. 99% 중 한 명이었던 내가 주식을 공부해보니 주식은 단 1%의 전유물이 아닌 99%에서 100%가 되는 것이기 때문이다. 누구나 성실히 노력하고 바르게 공부한다면 결국에는 자신만의 방법으로 주식투자를 할 수 있다. 상위 1%처럼 특별하지 않아도 말이다. 다만 1%의 진리는 반드시 깨달아야 한다. 그 1%를 깨닫지 못하면 아무리 똑똑하고 유능해도 100%가 아닌 99%로 남는다.

주식을 공부하다보면 '아무리 노력해도 넘을 수 없는 어떤 벽' 앞에 서는 순간이 있을 것이다. 공부할 때는 공부한 대로만 하면 예측 가능하고 통제될 것 같은 주식이 절대 예측도, 통제도 생각대로 되지 않는다는 사실을 깨닫고 좌절하게 되는 지점이 있다. 나 역시 그랬다. 주식 이론을 아무리 열심히 공부해도 넘지 못하는 그 벽 앞에서 영원히 99%로 멈출 뻔하기도 했다. 그런데 결국 알게 된 1%의 깨달음이 나의 투자 성적을 이렇게 드라마틱하게 바꾸어주었다.

당신은 그 1%가 궁금하지 않은가?

SECTION 1

어느 99%의 이야기
—눈물나는 주린이 시절

편견의 벽을 뛰어넘은 99%의 반란

주식 관련 도서를 사러 서점에 가보면 내로라하는 똑똑한 사람들이 쓴 책들로 가득하다. 금융권 임원, 교수, 박사, 전문직 종사자들, SKY 출신 경제학도들……. 그들의 화려한 이력과 성공 신화를 보고 있노라면 존경심마저 든다.

'어떻게 이게 가능할까! 대단하다. 정말 똑똑한 사람이구나…… 나도 이렇게 되고 싶다!'

책을 읽으면서 많이 배우고 감명받기도 했지만 그들이 유능하고 비범해서 가능한 것이 아닐까 싶은 부분도 많았다. 원래부터 몸담았던 금융권의 인맥과 경험 이야기나 보통의 직장인이 모으기 힘든 큰 규모의 종잣돈 이야기는 나에게 말 그대로 '그들이 사는 세상' 같았다. 그 어려운 박사, 의사가 되고 교수가 된 명석한 그들이었기에, 또는 이미 금융권에서 오랫동안 몸담아왔던 인맥과 경험이 있었기에 주식투자도 누구보다 크게 성공한 것이 아니었을까 하는 생각이 들었다. 아마 나처럼 느낀 보통의 사람들이 많지 않을까?

과거 나는 평범한 직장인이었고 현재는 아이들을 키우는 전업주부다. 동네에서 흔히 마주치는 보통의 동네 아기 엄마 말이다. 하지만 매일 아침 시달려야 하는 교통 체증도, 상사의 잔소리도 없이 주식투자로 충분히 넉넉한 월급을 만들어 자유롭게 살아가고 있는 전업투자자이기도 하다.

그래서 나는 나와 같은 대한민국의 수많은 '보통 사람'이 주식투자로 꾸준히 월급을 만드는 방법에 대한 글을 쓰기로 했다. 주변에서 흔히 만날 수 있는 평범한 직장인 출신의 주부가 어떻게 이렇게 똑똑한 사람들이 가득한 정글 같은 주식시장에서 살아남았는지, 무엇을 어떻게 얼마나 공부했으며, 수많은 고비가 닥칠 때 어떻게 그 위기를 넘겼고, 손절매로 인한 좌절감이 덮칠 때 어떻게 버텨냈는지 찬찬히 써보기로 했다. 또한 지극히 평범했던 인생이 주식으로 인해 얼마나 멋지게 바뀌었는지도 나와 같은 보통 사람들을 위해 허심탄회하게 털어놓고 싶었다. 말 그대로 99%의 반란이다.

본격적으로 시작하기에 앞서 이제 막 주식을 시작하거나 열심히 주식을 공부했지만 원인을 알 수 없는 보이지 않는 벽에 부딪혀 앞으로 나아갈 방법을 찾지 못하고 있는 당신에게 다음의 말을 전하며 99%를 위한 주식 월급 만들기 프로젝트를 시작하려 한다.

저도 당신과 같은 시작과 같은 고민을 겪어왔습니다.

아마 제 글의 어느 지점에서

현재 당신의 모습을 발견할지도 모릅니다.

그리고 당신의 미래가 지금 저의 모습일지도,

어쩌면 저보다 더 멋진 모습일지도 모릅니다.

극소심좌,
편하게 살고 싶지만
돈은 벌고 싶어

매사 열정적으로 살아가는 사람들이 있다. 그들은 모든 일에 적극적이고, 주목받는 것에 개의치 않아 하고, 많은 사람을 만나면서 에너지를 얻는다. 이른바 그들은 사교적이고 외향적인 사람들이다. 사회성이 좋은 그들은 조직생활에 유리한 성격을 갖고 있고 스트레스도 적게 받는 것처럼 보인다. 요즘 말로 '인싸' 기질의 사람들이다.

반면 나는 내향적인, 어쩌면 소심한 인간이다. 물론 일을 하면서 얻는 성취감이나 보람도 있었지만 그것은 차치하고 성격상 혼자 생각하는 것을 즐기고 조용히 혼자 있는 시간이 필요한 사람이다. 주목받는 것이 부담스럽고 직장생활에서는 주위 사람들의 평가가 신경쓰였다. 내 자신이 잿더미가 되더라도 사람들의 기대에 부응하려 했으며 사람과의 마찰이 싫어 거절하지 못하는, 흔히 말하는 '예스맨'이었다. 영리한 사회생활을 위해 가끔은 능글맞게 굴기도 하고 말도 안 되는 요구에 웃으면서 거절을 날려주기도 해야 하는데, 안타깝게도 성격상 그것이 잘 안되었다. 하고 싶은 말 다 하고 지내는 쿨한 역할을 하게 되면 감당해야 하는 비난이나 미안한 마음이 괴로워 차라리 입 꾹 다물고 참는 쪽을 택했다. 이런 나의 소극적 성향은 직장생활에서 벗어나고 싶은 큰 이유 중 하나였다.

"이대리, 앞으로 이 일은 이대리가 맡아줘~"

"네??? 제가요? (이미 할일이 태산인데) 네에……."

마음속으로는 내 일이 아니라고 생각하지만 그 말을 입 밖으로 내뱉지 못하고 일을 받아 꾸역꾸역하기 일쑤였다. 내가 착하다는 것이 아니라 참 용기가 없었다.

"오늘 본사에서 중요한 분들 오셔서 회식하는 날이니 다들 빠지지 말고 참석합시다."

'으아, 오늘 또 회식이라고? 하…… 집에 가고 싶다.'

사교적이지 못한 나는 여러 사람과 사적인 대화를 나누어야 하는 회식 자리도 불편했다. 특히 나보다 높은 직급의 상사들과 함께하는 자리는 더욱 가시방석 같았다. 모두 좋은 분이었지만 나는 낯선 사람과 식사하는 자리 자체가 불편했다. 나는 내가 맡은 업무를 끝내면 집에 돌아가 온전한 내 시간을 누리고 싶었다.

"아니, 이걸 왜 우리가 해야 합니까? 당연히 XXX측에서 진행해야 하는 거 아닌가요?"

고객사에 추가 업무를 부탁하거나 피할 수 없는 일정 차질에

양해를 구해야 하는 상황은 정말 어려웠다. 대부분의 고객은 매너 있게 이해하고 넘어가주기도 했지만 어떤 고객은 화가 머리끝까지 나서 전화로 나에게 고래고래 소리치기도 했다. 그럴 때면 내가 왜 여기서 이런 소리를 듣고 있어야 하나 하는 생각과 함께 눈물이 핑 돌기도 했다. 쿨하지 못한 나는 그렇게 가라앉은 감정선이 하루종일 내 생활에 영향을 주었다.

'돈 벌기 참 힘드네.'

모두 감정 없이 매뉴얼대로만 일하다가 퇴근하는 로봇이라면 좋으련만 현실의 직장생활은 감정과 이해관계가 똘똘 뭉쳐진 복합체였다. 평화로운 인생을 꿈꾸는 나에게 사람들 사이에서 고군분투하는 사회생활은 고요하고 싶은 내 마음에 끝없이 고통의 돌을 던졌다.

하지만 이런 직장을 끝내 놓지 못하는 이유가 있었으니 바로 '돈'이다. 직장을 그만두어야 하는 99가지 이유를 한 번에 무력화해버리는 강력한 단 하나의 이유였다. 그렇다. 인간으로서 내 삶을 영위해나가려면 돈이 필요했다. 매일 스트레스를 받으면서 버텨야 하는 직장생활이지만, 내가 꿈꾸는 삶과는 사뭇 다른 방향으로 살아가야 하는 일상이지만 직장은 나에게 기본적 의식주를 해결해줄 수 있는 월급을 주었다. 내가 살아갈 수 있게 해주었다. 그렇다고 내가 꿈꾸는 인생을 그대로 실현할 수 있을 만큼 넉넉함도 아닌 딱 살아갈 수 있을 정도의 돈을 주었다.

A : 선배들을 보면 워킹맘은 정말 쉽지 않은 것 같아. 전업주부로 육아하면서 집에서 할 만한 일 뭐 없을까? 캔들이나 비누 같은 거 만들면 돈이 좀 되려나?

B : 집에서 일하면서 돈 많이 버는 일은 흔치 않지. 있으면 나도 당장했지. 그런 일은 찾기 힘들어.

C : 원래 집에서 육아만 하려면 돈은 그냥 포기해야 하는 거야. 너 일 그만두고 전업주부로 아기 키우면 얼마나 힘든지 모르지? 아기 장난감 하나 사주는 것도 고민하고 남편 눈치 봐가며 사야 되는 거라고…… 자존감은 또 얼마나 바닥을 치는데…….

A : 그래 그건 그렇겠다. 근데 나는 아기가 36개월이 될 때까진 내가 가정보육으로 돌보고 싶어. 그게 아이한테 좋다는 말을 어디선가 들은 적 있어서…… 근데 고작 3년을 위해 내 커리어를 다 포기하면 나중에 정말 후회하겠지?

B : 얘, 3년 길 것 같지? 금방이야. 그리고 애들이 초등학교만 들어가도 일하는 엄마를 더 좋아한다잖아. 경력 단절이 얼마나 무서운데…….

결혼 적령기에 접어들면서 친구들과의 모임에서 나누는 대화 주제도 결혼과 워킹맘, 육아로 자연스레 옮겨갔다. 다들 열을 올리며 제각각 자신의 인생철학을 늘어놓았지만 결론은 늘 같았다. 일을 그만두면 분명 후회한다는 것. 아이를 위해서도, 부부의 노후를 위해서도, 그리고 나 자신의 자존감을 지키기 위해서라도 직장생활을 반드시 유지해야 한다는 것.

그렇다. 결혼 자금도 마련하고 부모님 용돈도 드리려면 버텨야 했다. 남들처럼 해외로 여름휴가도 떠나고 예쁜 신상 카페에서 커피 한잔 마시려면 돈을 벌어야 했다. 사고 싶은 옷, 갖고 싶은 가방을 사려면 회사에 착 붙어 있어야 했다. 아마도 결혼 이후에는 더욱더 열심히 붙어 있어야 할 것이다. 집 대출금 갚고 아이 학원비도 벌고 생활비에 보태려면, 내 새끼 먹고 싶다는 것 하나라도 더 사주고 부부의 노후 대비도 하려면 버티고 또 버텨야 한다. 혹자가 말하길 현명한 직장생활의 태도는 젖은 낙엽이라 했던가…… 회사를 다니기 싫은 내 감정 따위와는 상관없이 젖은 낙엽이 되어 찰싹 붙어 있어야 한다.

'정말 편하게 살고 싶은데, 돈은 많이 벌고 싶다.'

내가 직장생활하면서 입버릇처럼 하던 말이지만 사실 이루어지리라고는 기대도 하지 않았다. 사람 간에 껄끄러움도, 야근도, 회식도, 출퇴근길 교통 체증도 없으면서 돈을 버는 일이 세상에 있으리라고는 상상도 하지 못했다.

깨달음

직장생활을 길게 하고 싶지 않다면 다른 방법을 찾아야 한다.

진정으로 행복한 삶을 살려면 얼마가 필요할까?

"내가 어떤 책에서 읽었는데, 한 가구당 소득이 연 1억 3000만 원이 넘어가면 더이상 돈과 행복이 비례해서 증가하지 않는대."

다 함께 모여 점심식사를 하는 자리에서 한 과장님이 말했다.

"음, 그럼 나는 몇 년 더 버텨야 되려나…… 이과장은 이미 달성한 거 아냐?"

모여 앉은 테이블 너머로 장난스러운 농담이 오갔다. 각자 머릿속으로 자신의 연봉과 1억 3000만 원 사이의 갭을 따져보는 듯했다. 나도 순간 계산해보았는데, 사실 1억 3000만 원이 너무 큰돈이라서 어느 직급이 되어야 그 정도 연봉이 되는지 감이 잡히지 않았다.

'나한테도 그런 날이 오기는 하려나.'

참, 남의 이야기 같다고 생각했다. 그런데 정말 월 1000만여 원 이상 벌면 물질적 풍요와 행복이 비례하지 않게 될까? 사람마다 행복의 기준이 다른데, 나도 1억 3000만 원 넘게 벌면 물질은 내 행복에 큰 변수가 아닌 부수적인 인자가 되어 있을까?

'내가 진정으로 행복한 삶을 살려면 얼마가 필요할까?'

문득 떠오른 이 질문에 나는 바로 답하지 못했다. 그러고 보니 한 번도 이 질문을 스스로에게 진지하게 던져본 적이 없었다. 막연히 돈은 많으면 많을수록 좋다고만 생각해왔을 뿐 내가 진정으로 행복한 삶을 살기 위해 정확히 얼마가 필요한지 단 한 번도 계산해본 적이 없었다.

내가 인생을 이렇게 막연하게 살고 있었다니!

그렇게 '돈을 벌기 위해' 힘들게 직장생활을 하던 내가 진정으로 행복한 인생을 위해 대체 얼마를 벌어야 하는지조차 생각해보지 않았던 것이다. 그래서 남들이 정해준 기준인 1억 3000만 원 말고 내가 진정으로 원하는 나만의 인생을 살기 위해 얼마나 돈을 벌어야 하는지 계산해보기로 했다. 나는 당장 종이를 꺼내 내가 진정으로 행복하기 위해 필요한 '물질적인 것'들을 써 내려가기 시작했다.

1. 입지 좋은 곳에 위치한 30평대 브랜드 아파트 : 매달 대출금 XX만 원
2. 매달 부모님께 드릴 용돈 : XX만 원
3. 적어도 1년에 한 번은 해외여행을 갈 수 있는 여행비 : XX만 원
4. 매달 건강 관리 등 자기 관리비 : XX만 원
5. 한 달에 한 번 좋아하는 뮤지컬을 가장 좋은 좌석에서 볼 수 있

는 문화생활비 : XX만 원

6. 일주일에 한 번은 배우고 싶은 것을 배울 자기개발비 : XX만 원

생각만 해도 즐겁고 행복한 것을 쓰다보니 절로 입가에 미소가 번졌다.

'진짜 이 모든 걸 누리며 넉넉하게 살았으면 좋겠다!'

쭉 쓰고 보니 월 830만 원 정도가 필요했다.

'와! 월 830만 원이면 내가 하고 싶은 것을 충분히 하며 지낼 수 있구나!'

사실 월 830만 원이라는 돈은 직장인에게 정말 큰돈이다. 당시 내 주변에서 월 830만 원을 버는 사람을 본 적이 없으니 말이다. 하지만 곰곰이 생각해보니 내가 엄청난 호화로움을 원하는 사람은 아님을 깨달았다. **진정으로 행복한 삶**이라는 거창한 타이틀이 붙은 자금 계획인데도 전용기나 뉴욕의 고급 아파트, 또는 호화 요트를 원하지는 않았다. SNS에서 보는 하이주얼리, 명품, 슈퍼카 등에 둘러싸인 화려하고 럭셔리한 삶을 원하지도 않았다. 다만 가족과 함께 건강하고 즐겁게 살아갈 '넉넉한' 돈이 필요한 정도였다.

내가 원하는 행복한 삶을 살기 위해 대략 얼마가 필요한지 알게 되자 막연히 상상만 하던 많은 것이 현실에 존재하듯 선명해졌다. 먼저 나에게 필요한 금액이 '월 10억'처럼 내 기준에 완전 불가능한 금액이 아니라는 사실에 조금 놀랐고 신기루인 줄로만

알았던 '내가 진정으로 행복한 삶'이 의외로 이룰 수 있을 만한 인생이라고 생각하게 되었다. 하지만 안타깝게도 지금의 월급만으로는 절대 불가능하다는 것과 투잡, 쓰리잡 어쩌면 포잡이 필요할지도 모른다는 사실도 슬프지만 함께 깨닫게 되었다.

그렇다면 어떻게 월 830만 원을 벌 수 있을까? 나는 구체적인 방법을 생각해보기 시작했다. 그리고 고소득자들은 어떻게 많은 돈을 버는지 **처음으로** 궁금해졌다. 아무 생각 없이 기계적으로 출퇴근하던 내가 '행복한 인생을 위한' 자금 조달 계획을 구체적으로 고민해보는 사람으로 변하게 된 것이다. 여러분도 진정으로 행복한 삶을 살기 위해 본인에게 필요한 '물질적'인 리스트를 꼭 한번 작성해보길 바란다. 구체적으로 글로 쓰다보면 내가 영원히 이룰 수 없는 것을 바라는 것이 아님을 깨닫게 될 터다. 물론 현재 벌이보다는 많이 필요하겠지만 그렇다고 당신의 진정한 행복을 위해 빌 게이츠나 일론 머스크처럼 대부호가 되어야만 하는 것은 아님을 깨달을 것이다.

깨달음

'진정으로 행복한 삶을 위해 필요한 월 수입 리스트'를 적어보자. 목표를 글로 적으면 머리로 생각만 할 때보다 이룰 가능성이 더 커진다고 믿는다.

평일 낮
백화점의 그녀들이
되는 법

내가 근무했던 회사는 유명백화점 근처에 있었다. 덕분에 직장 동료들과 종종 기분 전환 겸 백화점에서 점심을 먹곤 했는데, 백화점에 갈 때마다 호기심을 자극하는 그녀들을 볼 수 있었다. 일명 '평일 낮에 백화점에서 시간을 보내고 있는' 그녀들 말이다. 그녀들은 주어진 단 1시간의 점심시간을 최대한 누리고자 분주하게 움직이는 직장인인 나와는 달리 마치 지켜야 할 점심시간도, 어딘가에 소속된 직장도 없다는 듯 여유롭고 자유로운 모습이었다.

시간과 돈에 쫓기는 나와는 사뭇 다른 느낌의 그녀들은 백화점 내 카페에서 여유롭게 커피를 마시거나 책을 읽으며 자기에게 주어진 제한 없는 시간을 즐기는 듯했다. 옆자리에 놓인 쇼핑백들이 그녀들의 경제력을 말해주고 있었지만 대부분의 사람이 직장생활에 매달려 있는 평일 낮에 그녀들은 일하고 있지 않았다(적어도 겉으로 보기에는 일하고 있는 모습으로 보이지 않았다).

그녀들은 대체 어떻게 저렇게 자유로울 수 있을까? 나는 그런 그녀들이 참 흥미로웠다. 주위의 99%가 직장인인 나로서는 그녀들이 어떻게 시간의 자유를 얻을 수 있었는지에 대한 답을 얻기가 쉽지 않았다.

"에이, 대리님. 지금 백화점에서 놀고 있는 저 사람들은 다 부모님이 부자이거나 남편이 부자인 거죠, 뭐. 금수저 있잖아요."

"그래, 아무래도 그렇겠지? 그러지 않고서야 평일 이 시간대에 어떻게 백화점에서 여유 부리고 있을 수 있겠어."

동료들과 나는 그렇게 그녀들을 부모나 남편의 돈을 펑펑 쓰는 팔자 좋은 여자로 선불리 치부해버렸다.

그도 그럴 것이 내가 꿈꾸는 행복한 인생을 살려면 쓰리잡, 포잡을 해야 한다는 결과를 얻었던 나였기에 시간 부자가 되면서도 물질적으로 충분히 여유로울 수 있는 방법이 있으리라고는 생각하지 못했다. 내 생각대로라면 설령 월 830만 원을 번다고 한들 투잡, 쓰리잡을 뛰느라 평일 낮 백화점 거닐기는 꿈도 꿀 수 없을 터였다.

"네 사업을 해야지, 사업이 싫으면 투자를 하든지."

이런 나의 궁금증에 답을 준 이는 오랜만에 만난 S언니였다. 금융권 종사자였던 그녀는 직장생활에 한계를 느끼고 틈틈이 주식과 부동산 투자를 했다. 우연히 인연을 맺게 된 은행 VIP 손님 중 한 분에게 투자하는 법을 배운 것이 그녀에게는 천운이었다. 꾸준히 노력한 끝에 투자 수익이 월급을 훨씬 넘어서면서 직장을 그만두고 하고 싶은 공부를 하거나 여행을 다니며 살았다. S언니는 이미 결혼해 아이도 둘이나 있었지만 딱히 직장생활을 하지 않고도 아이에게 필요한 것을 아낌없이 지원하며 그녀만의 '진정으로 행복한' 인생을 살고 있었다. 그렇다고 그녀가 호화롭고 사치스럽게 지내는 것은 아니었다. 다만 직장 대신 투자로 수익을 얻으면서 정말로 그녀가 원하고 행복한 것을 하면서 살았다. 바로 그녀가 내 주위에 몇 안 되는 평일 낮 백화점에서 커피를 마시는 '그녀'였다. 그녀는 나의 질문에 당연하다는 듯 대답했다.

"아무리 고액 연봉자라고 해도 시간적 자유가 없으면 의미가 없어. 돈도 충분하고, 시간도 많아야 진정한 의미의 자유로운 삶을 얻을 수 있지. 그렇게 살려면 네가 직접 몸을 움직여서 돈을 벌 생각만 해선 안 돼. 네가 자고 있을 때도 돈이 벌리는 시스템을 강구해야지."

'내가 자고 있을 때도 돈이 벌리는 시스템을 만들라…… 그걸 누가 몰라? 어떻게 해야 하는 건지 몰라서 그렇지.'

나는 속으로 볼멘소리를 했다. 마치 내 마음이라도 읽은 듯 S언니는 말을 이어나갔다.

"사실 그 방법은 사람마다 다양한데, 나는 주식에서 그 방법을 찾았어."

그렇다. 날 때부터 금수저도, 팔자 좋은 여자가 되지 않아도 스스로 그 시간과 풍요를 만드는 사람들이 존재했다. 그리고 그 방법 중 하나가 주식임을 나는 그때 알았다.

주식이 위험하지 않느냐는 나의 질문에 S언니는 강조하듯 말했다.

"주식투자가 도박과 다를 게 없다는 생각은 주식시장을 잘 모르는 사람들의 선입견일 뿐이라고 생각해. 주식시장처럼 다양한 분야에 박식한 지식과 마인드 컨트롤이 필요한 분야가 흔치 않지. 투자하려면 경제의 기본적 이해는 물론이고 투자하려는 산업과 기업에 대한 전반적인 이해가 필요해. 또 주식시장에 영향을 주는 수많은 외부 요인, 복잡하게 뒤얽힌 국제적 이해관계를 이해해야 하지. 하지만 어느 수준 이상의 경지에 이르게 되면 주식이 그렇게 위험하기만 한 도박은 아니란 사실을 깨닫게 될 거야."

'어느 수준 이상의 경지? 도대체 그것이 어느 정도란 말인가.'

나는 완전히 이해되지 않았지만 S언니의 말을 열심히 귀기울여 들었다.

"사실 투자로 먹고살려면 네가 생각하는 것보다 더 많은 공부가 필요해. 많은 공부와 정신적 단련을 거치고 **어떤 진리**를 깨달아야 하거든. 안타깝게도 대부분의 초보투자자는 그 진리를 깨닫기 전에 포기하기 때문에 주식을 투기성으로 평가절하하는 거지. 그러니 너도 투자를 시작하려면 독하게 마음먹고 공부해야 할 거야. 그 진리를 깨닫기까지 지독하게 고통스러운 길이 펼쳐지거든. 변덕스럽고 쉽지 않은 주식 분야에 몸담으려면 몇 번은 눈물, 콧물 쏙 뺄 각오를 해야만 해. **분명히** 물질적으로, 정신적으로 피폐해지는 상황이 닥칠 텐데, 사실 그건 초보투자자라면 누구나 겪는 일이니 너무 충격받을 필요는 없어."

그녀는 무미건조한 표정으로 무서운 이야기를 별일 아닌 듯 말했다. 주식을 하게 되면 물질적·정신적으로 피폐해지는 상황이 반드시 닥칠 테지만 주식 초보자라면 누구나 겪는 통과의례 같은 것이니 너무 충격받지 말라니……. 그때는 그렇게 말하는 그녀가 냉정하다고 생각했지만 돌이켜보면 그녀의 말이 모두 맞았다는 생각이 든다. 그리고 다년간 주식시장에서 살아남으려면 결국 그녀처럼 감정적 움직임보다는 침착하게, 어쩌면 냉정하게 느껴질 만큼 이성적으로 판단하고 말하는 성격이 되어야만 했으리라는 생각이 든다.

"언니, 언니가 지금처럼 넉넉하게 살 수 있었던 건 순전히 언니가 운이 좋아서 가능했던 게 아닐까? 내가 과연 노력한다고 해서 언니처럼 그렇게 평화롭고 풍요롭게 살 수 있을까?"

나는 겁먹은 어린아이처럼 초조해하며 자신감 없는 말투로 반문했다. 그러자 그녀는 내 마음을 꿰뚫어보듯 선명한 눈빛으로 나를 바라보며 말했다.

"그럼, 네가 **올바른 방향**으로 노력한다면 이룰 수 있지. 주식을 하다보면 깨닫는 지점이 있어. 그 부분만 넘어서면 어느 정도 안전하게 수익을 얻을 수 있지. 관건은 네가 과연 그 지점을 넘어설 때까지 얼마나 지치지 않고 버티느냐야. 끝없는 실패에도 좌절하지 않고 올바른 방향으로 밀고 나간다면 아마도 그 지점을 넘어설 거야. 그럼 말로만 듣던 경제적 자유를 얻는 거지. 그 타이틀을 얻고 나면 네가 하고 싶은 일을 하고 싶을 때 하면서 살 수 있는 인생이 되는 거야."

'내가 하고 싶은 일을 하고 싶을 때 할 수 있는 인생.'

그녀의 마지막 말이 내 마음속에 깊이 각인되었다.

S언니와의 대화를 계기로 나는 물질적 부자뿐 아니라 '시간 부자'가 되기 위해 주식세계에 발을 들였다. 오늘의 삶이 있기까지 그녀의 말대로 주식 때문에 눈물, 콧물 쏙 뺐던 적도, 속된 말로 정말 죽고 싶을 만큼 주식투자한 것을 후회한 적도 있었다. 그녀가 말한 올바른 방향이, 깨달음이 무엇인지 도무지 알 수 없어서 새벽까지 고민하며 밤을 지새우던 날도 많았다. 하지만 버티고 버텨서 나는 지금 이 책을 평일 낮 백화점에서 쓰고 있다. 큰 부자는 아니지만 마침내 회사원 시절보다 더 많은 돈을 벌면서도 시간의 자유까지 얻게 되었다.

나도 결국 내 힘으로 일명 '그녀들' 중 한 명이 되었다.

깨달음

아무리 고액 연봉자라 해도 시간적 자유가 없으면 의미가 없어. 돈도 충분하고 시간도 많아야 진정한 의미의 자유로운 삶을 얻을 수 있지. 사실 그 방법은 사람마다 다양한데, 나는 주식에서 그 방법을 찾았어.

뭐야?
주식
별거 아니네

주식투자를 시작하기 위해 먼저 주식 계좌부터 개설해야 했다. 주식 계좌 개설과 주식 매수·매도 방법은 컴퓨터와 친하지 않고 귀차니즘이 극심한 나조차 쉽게 따라 할 수 있을 만큼 인터넷에 아주 친절하게 잘 나와 있었다. 나는 인터넷에서 알려주는 대로 차근차근 계좌를 개설하고 초기 투자금 100만 원을 넣었다. 그리고 떨리는 손으로 생애 첫 주식을 매수했다.

매수 버튼을 누르던 찰나 부모님의 얼굴이 떠올랐다. 주식은 절대 하는 것이 아니라며 패가망신의 지름길이라고 신신당부하시던 모습이 스쳐지나갔다. 마치 부모님 몰래 일탈을 시도하는 사춘기 소녀가 된 느낌이었다. 약간의 죄책감과 두려움, 묘한 스릴이 느껴졌다.

매수 버튼 클릭!

'뭐지? 별거 아니네?'

첫 주식투자에 대한 나의 느낌이다. 주식투자가 정말 두렵고 위험한 일이라고 생각했는데, 막상 도전해보니 아무것도 아니었다. 심지어 옷을 쇼핑하는 것보다 더 단순하고 순식간에 진행되었다. 그렇게 내 첫 투자금은 매수 버튼을 누름과 동시에 디지털 숫자로 변하며 주식시장에 녹아들어갔다. 그렇게 투자한 내 첫 주식은 열 배 급등의 행운까지는 아니더라도 치킨값, 피자값을 벌어다주며 자본소득의 달콤함을 맛보여주었다. 나는 돈 벌기가 이렇게 쉬운 것인가 하고 생각했다.

당시 나는 주식투자를 시작하면서 S언니가 강조했던 공부 따위는 하지 않았다. 그저 주식으로 돈을 불리고 자유를 누릴 생각에 들떠 기분이 좋을 뿐이었다. 나는 촉이 좋고 눈치가 빠른 사람이니까 공부 같은 것은 필요 없을 듯싶었다. 그리고 주식은 솔직히 운의 영역 아닌가?

'미래의 일을 공부해서 어떻게 알아.'

주식은 공부보다는 정보와 감이라고 생각했다. 도박과 같은 것이리라. 친구들에게 감이 좋다는 이야기를 종종 듣는 나 같은 사람이 주식을 안 하면 누가 하겠는가. 나는 잘할 수 있을 것이라 자부했다. 경제 공부니, 차트 공부니 하는 것은 아무것도 몰랐다. 인생을 바꿀 좋은 정보만 하나 얻게 되면 인생 역전하는 것이라 생각했다. 그렇게 놀랍도록 단순한 논리와 경솔함으로 나는 주식세계에 첫발을 내디뎠다.

주식시장에서 '초심자의 행운'이라는 말은 잘 알려진 표현이다. 신기하게도 주식을 처음 시작하는 사람들은 몇 번 손쉽게 수익을 내는데, 초심자인 나에게도 그 행운이 따랐다. 제대로 된 공부도 없이 입성한 주식세계에서 계속해서 꽤 짭짤한 수익을 얻었다.

'나는 역시 촉이 좋아. 다들 그렇게 어렵다는 주식인데, 나는 딱히 공부도 안 했는데 수익이 나잖아? 아무래도 나는 타고났나 봐. 공부가 무슨 필요야? 어차피 미래는 아무도 모르는 건데, 미래에 베팅하는 주식을 위해 공부라니, 시간 낭비야.'

주식 선배들이 아무리 '초심자의 행운'을 경계하라고 경고해도 이미 오만함이 하늘까지 치솟던 나의 '주식 부심'을 꺾을 수는 없었다.

'초심자의 행운이 온 게 아니라 실력이라니까요.'

나는 속으로 이렇게 거만하게 생각했다.

아, 그때 깨달았어야 했는데, 깨닫지 못했다. 내가 단 1%의 투자 천재가 아니라 99%의 평범한 개미들 중 하나라는 사실을……. 초심자의 행운님이 코흘리개 주린이에게 잠깐 들르셨던 것뿐이었음을 말이다. 나는 몇 번의 수익을 맛본 사이에 마음만은 이미 슈퍼개미가 되어 있었다. 앞으로 내 인생에 펼쳐질 주식 부자의 삶을 그리고 있었다. 문제는 '마음만' 부자면 다행인데, 행동까지 부자처럼 하기 시작했다는 것이다. 씀씀이가 커졌고 더불어 투자 규모도 늘어났다.

'와, 100만 원 넣어서 11만 원을 벌었네?? 가만…… 1000만 원을 넣었으면 110만 원 벌었다는 거잖아? 아쉽다. 돈 더 넣을 걸…… 곧 만기인 적금이 있는데…… 적금 이자 끽해야 얼마 된다고. 주식으로 한 달이면 1년치 적금 이자 벌고도 남는데? 적금 해지해서 주식 계좌로 옮겨야겠어!'

나는 대책 없이 과감해지기 시작했다. 꾸준한 경제 공부도, 멘탈 공부도 딱히 없이 주식 한답시고 설렁설렁 챙겨보는 경제방송과 신문에 투자자의 자부심을 느끼며 그렇게 무모하게 투자했다.

이런 투자방식이 얼마나 대책 없고 무모했는지를 깨닫는 데는 그리 오래 걸리지 않았다. 나는 곧 피눈물나는 엄청난 금전적 손실을 경험하며 주식이 얼마나 무서운 것인지 절절히 깨닫는 순간을 맞고야 말았다.

깨달음

초심자의 행운을 실력이라고 믿지 말자.

하나님, 부처님, 예수님 잘못했습니다. 원금만 찾게 해주세요

"이대리, 내가 아는 사람이 주식 리딩방을 운영하는데, XXXX라는 주식이 곧 크게 간대. 생각 있으면 한번 사봐. 특급 정보니까 혼자만 알고!"

주식을 하다보면 주식 유료 리딩방을 접할 기회가 많다. 그리고 그들이 알려주는 특급 정보를 듣게 될 기회도 많아진다. 이 험난한 주식세계에서 끈끈한 전우애를 갖게 되는 개미들은 서로를 위해 그 특급 정보를 너만 알고 있으라며 서로서로 알려주고 챙겨주기 때문이다. 그런데 그 특급 정보가 대부분 정보가 아니라 '광고'임을 하루라도 일찍 깨닫는 것이 좋다. 일개 개미인 내 귀에까지 들어온 정보라면 설령 그 시작이 정말 정보였다고 할지라도 더이상 귀한 정보가 아니다. 전우애 넘치는 개미들 때문에 이미 전국에 퍼졌을 것이기 때문이다. 이 사실을 깨닫지 못하고 소중한 돈을 계속 남이 알려준 종목에 투자하다가는 손실이라는 고통스러운 수업료를 지불해야 할지도 모른다. 과거의 나도 그렇게 전우애로 똘똘 뭉친 개미 동지님이 알려준 '특급 정보'에 덜컥 큰돈을 투자했다. 안 그래도 몇 번의 소소한 투자 성공으로 탐욕과 자신감이 하늘을 찌르던 시기였기에 큰돈 넣어서 크게 한 번 성공하고 싶었던 마음이 앞섰던 것이다.

'적금을 깨서 이 종목을 사야겠어. 전문가가 알려준 확실한 정보라고 하니 믿고 사도 되겠지.'

유료 주식방을 운영하는 사람이라면 나보다 전문가일 텐데 그 대단하신 분이 일반 개미들은 끼지도 못할 그들만의 리그에서 흘러나온 고급 정보를 알려주셨다니! 나에게 일생일대의 기회가 온 것일지도 모른다는 생각까지 들었다. 그렇게 나는 몇 년 모은 거금을 투자했고 결과는 참담했다.

-75%.

정말…… 죽고 싶었다.

주식에 투자하고 실패하면 가족들에게 말하기도 힘들어진다. 사업이나 다른 어떤 것을 도전하다 실패하면 주변에서 최소한 도전에 대한 인정과 실패에 대한 위로를 해주지만 주식에 투자했다가 실패하면 하지 말라는 도박을 했다가 재산을 날린 어리석은 사람 취급을 받는다. 그런 사람들의 선입견을 잘 알고 있었기에 주변에 툭 터놓고 말할 수도 없었다. 마음은 타들어가는데, 주변 사람들에게 터놓고 상담받지도, 위로받지도 못하는 심정이란 말로 표현할 수 없을 정도의 고통이었다. 갈수록 내 얼굴은

잿빛이 되어갔고 모든 것을 그만두고 숨어버리고 싶다는 생각밖에 들지 않았다. 이런 내 처지를 아는 극소수의 친구들은 주식을 차라리 전부 정리하고 지독한 인생 경험했다고 치라며 위로했다.

나는 그때 사람이 궁지에 몰리면 초현실적인 힘에 매달린다는 것을 경험하게 되었다. 정말로 내가 매달릴 수 있는 존재는 신밖에 없었다. 신에게 기도하는 것 말고는 내가 해결할 수 있는 방법은 도무지 없었다.

'하나님, 부처님, 예수님, 조상신님, 누구든지 저 좀 도와주세요. 제발 본전만 찾게 해주세요. 다시는 절대로 주식을 하지 않겠습니다. 저 한 번만 살려주세요.'

-75%의 손실을 경험하고 내 마음은 잿더미가 되었다. 정말 아무것도 남아 있지 않았다. 더이상 견디지 못하고 몇 달간 질질 끌어오던 손절매(손해를 보고 매도하는 것)를 했다. 어찌 보면 개인적이면서도 전형적인 눈물나는 '주린이의 주식투자'는 그렇게 끝이 났다.

깨달음

다른 사람이 주는 정보에 '절대' 의존하지 말자.

SECTION 2

마의 벽,
1%를 뛰어넘은 방법
—매달 월급을 벌게 해준 주식 공부법

결혼과 동시에 그만둔 직장, 나는 주식으로 월급을 만들기로 했다

우여곡절 끝에 나는 다시 성실한 일개미로 돌아와 묵묵히 직장생활을 이어나갔다.

'역시 직장만한 곳이 없어. 안전하게 정해진 날짜에 월급이 꼬박꼬박 나오는 곳, 내 고마운 회사.'

회사는 어느덧 나에게 벗어나고 싶은 고통의 장에서 안정감을 주는 고마운 존재로 바뀌어 있었다. 회사 체질이 아니라며 호시탐탐 회사를 떠날 궁리만 하던 내가 주식시장의 모진 칼바람을 온몸으로 맞고 나서야 회사가 얼마나 감사한 곳인지 깨닫게 되었다. 일정하게 들어오는 월급의 위대함이란! 나는 감사한 마음으로 열심히 일했다. 그렇게 직장생활을 반복하면서 나에게 큰 고통을 주었던 주식투자 실패에 대한 기억도 서서히 잊혀갔다.

매달 꾸준히 들어오는 월급의 보살핌 아래 나는 사랑하는 사람과 결혼을 하고 마침내 몇 년간의 장거리 연애에 마침표를 찍었다. 내 직장을 유지하기 위해 주말 부부를 할까 고민도 했지만 그동안의 장거리 연애에 지쳐 결혼생활까지 그렇게 이어나가고 싶지는 않았다. 그리고 무엇보다 독박 육아가 두렵기도 해서 과감히 회사를 그만두고 남편을 따라 타지로 이사했다.

그런데 아는 사람 하나 없는 낯선 곳에 남편 하나 바라보고 이사한다는 일은 생각했던 것보다 힘들었다. 모든 것이 낯설고 순식간에 외톨이가 되어버린 듯한 고독감이 밀려와 괴로웠다. 게다가 직장을 그만두면서 경제적 자립이 되지 않아 순식간에 우울해지고 말았다. 가정적이고 다정한 남편이 곁에 있었지만 그가 채워주지 못하는 내 개인적 자존감 확립에 대한 갈증이 있었다. **내가 사회적으로 여전히 필요한 존재라는 그런 성취감이 필요했다.** 시간이 지날수록 무언가 새로운 에너지가 필요함을 절실히 느꼈다. 그런데 아무리 생각해도 직장생활은 다시 하고 싶지는 않았다. 결혼했으니 언젠간 아이를 낳게 될 텐데, 도저히 워킹맘을 해낼 자신이 없었다.

그때 문득 주식을 평생 직업으로 삼으며 살아가는 S언니가 떠올랐다. 그녀는 직장을 다니지 않아 시간적으로 자유로웠다. 그 덕에 아이를 어린 나이에 기관에 맡기지 않고 본인이 늘 곁에서 충분히 돌볼 수 있었다. 그리고 경제적으로 부모님과 남편으로부터 독립되어 있었고 풍족했다. 늘 세상을 분석하며 투자하는 삶에 대한 자기 만족감이 높아 보였고 전업투자자는 심지어 정년도 없다! 주부인 나에게 이만한 직업이 또 있을까?

'그래, 주식을 다시 시작해보는 거야. 대신 이번엔 과거처럼 무모하게 하지 말고 평생 직장을 갖겠다는 각오로 진지하게 준비해보자!'

그렇게 나는 주식을 내 평생의 직장으로 삼기로 결심했다. 주식을 일확천금을 노리는 로또로 바라보는 것이 아니라 내가 평생 다닐 직장으로 바라보니 접근방법도, 나의 각오도 사뭇 달라짐을 느꼈다. 정말 S언니처럼 살고 싶었다.

"왜 그녀는 성공했고, 나는 실패했을까?"

나는 스스로 진지하게 자문해보았다. 지난날의 나는 왜 실패했을까. **그녀와 나는 무엇이 달랐나.**

문득 초심자의 행운을 실력으로 착각해 자만하고 스스로 공부하고 판단한 종목이 아닌 누군가의 '카더라' 정보에 의존하며 섣불리 투자 종목을 정하던 과거의 내 모습이 떠올랐다. 경제에 대한 지식이나 심지어 주식의 기본 개념조차 딱히 이해하지 않은 채 주식을 일종의 감으로 때려 맞히는 합법적 도박 정도로 여기던 나의 경솔함이 떠올랐다. 하락에 마음 졸이고, 상승에 뛸 듯이 기뻐하며 끝없이 시장에 동요해 뇌동매매를 일삼던 아마추어 같은 내가 떠올랐다.

반면 적어도 내가 지켜본 S언니는 늘 신문이나 잡지나 책, 심지어 다큐멘터리나 동네 부동산 소식지 등을 읽고 있었다. 그래서 그런지 신기하게도 요즘 핫한 이슈나 뉴스 내용은 무엇을 말해도 이미 알고 있었다. 투자한 이후로는 무엇이든 효율적으로 움직이는 것을 좋아했고, 심지어 아이를 픽업 가는 경로조차 최적의 동선을 고려하고 움직였다. 주변의 돈 많은 사람들과 늘 투자 이야기, 경제 이야기를 했으며 돈에 관한 결정을 할 때는 충동적으로 하지 않고 감정적 동요를 최소화한 모습을 보였다. 어찌 보면 약간 사이보그 같은 느낌마저 풍기는 침착함과 효율성을 보였다. 그리고 끝없이 습관적으로 보고 읽고 들으면서 수집한 정보들과 지식들을 바탕으로 남에게 의존하지 않고 스스로 투자처를 판단했으며 그런 뒤에는 주변의 심리전에 흔들리지 않았다.

모르긴 몰라도 나와는 사뭇 다른 모습이었다. 그녀를 떠올려 보니 내 과거의 접근방식이 너무 아마추어같이 안일했다는 생각이 들었다. 주식투자자도 엄연한 직업인데, 내가 직업을 너무 거저 얻으려 했다는 생각이 들었다. 앞에 언급한 표면적인 그녀의 행동적 특징뿐 아니라 다년간 실전투자를 하며 정립한 그녀만의 투자 비법도 있으리라. 나도 그녀처럼 탄탄한 기본 소양을 갖추고 투자에 적합한 태도를 갖추며 나만의 투자방식을 찾아야 주식투자라는 평생 직장을 얻을 수 있겠다는 결론을 얻었다.

'안전지향적인 내 성격상 평생 직장으로 주식을 하려면 높은 수익금보단 일정한 안정성이 중요하겠어. 수익의 등락이 일정하고 어느 정도 내가 통제할 수 있어야 직업이라 할 수 있겠지. 즉 많은 돈을 버는 방법에 집중하기보다 일정한 수익률을 얻는 연습을 해보는 게 좋겠다. 그리고 평생 사용할 나만의 투자 비법을

만들려면 누군가 가르쳐주는 방식을 그대로 따라 하는 건 경쟁력이 없겠어. 나만의 방법을 찾아야 해.'

나는 곧장 서점으로 달려갔다. 과거의 나와는 다른 각오로 주식에 임한다는 내 나름의 의지 표현이었다. 과거의 나는 주식은 미래에 베팅하는 일종의 베팅게임이라 생각했기에 사실 깊은 공부는 의미가 없으리라고 생각했다. 지식과 기술적 훈련보다는 누군가에게서 듣는 정보가 중요한 분야라고 생각해 좋은 정보를 듣는 데 더 관심이 있었다. 하지만 그 방식은 알다시피 나에게 처참한 실패를 안겨주었다.

과거의 실패를 반복하지 않겠다는 비장한 각오로 재테크 코너에서 주식 기본서를 사왔다. 더이상 남이 주는 정보에 의존하지 않고 나 스스로 쌓은 지식과 끝없이 훈련해 터득하는 나만의 기술로 주식세계에서 살아남기로 했다. 문득 취업을 준비할 때 토익 문제집을 잔뜩 사던 내 모습이 떠올랐다. 직장을 얻기 위해 수년간 노력해온 시간이 머릿속을 스쳐지나갔다. 그때의 간절함이 새삼 느껴졌다. 왠지 나는 이런 내 모습이 좋았다. 전업주부에서 다시 경쟁사회의 일원이 된 것 같은 묘한 희열마저 느꼈다. 나는 그렇게 다시 취업준비생이 되었다. '주식'이라는 단 한 곳의 회사만을 바라보는 열정적인 지원자로 변모했다.

깨달음

다른 결과를 얻으려면 다른 과정이 있어야 한다.

직장은 없지만 주식투자로 맞벌이중입니다

직장생활을 하는 기혼 여성들의 공통된 고민 중 하나는 출산으로 시작해 육아 휴직, 경력 단절로 이어지는 과정일 것이다. 출산과 육아 휴직을 거치면서 복직할 때의 스트레스는 이루 말할 수 없다. 짐작하건대 사랑하는 아이를 어린이집에 맡기고 다시 일터로 나가야 한다는 죄책감과 한동안 잊고 있던 업무를 내가 다시 잘할 수 있을지에 대한 불안감, 그와 동시에 휴직 기간 동안 아기 키우느라 잃어버린 '나 자신'을 되찾게 되었다는 묘한 해방감이 뒤섞일 것이다. 복직 후에는 어린이집에 다니는 아이가 자주 아프면 계속 연차를 써야 하고 그러다보면 동료들의 눈치를 볼 수밖에 없다. 퇴근 후에도 끝나지 않는 와이프, 엄마로서의 할일이 산더미다. 그러다 결국 직장을 그만두면 경력 단절이라는 무서운 단어가 꼬리표처럼 따라온다. 나는 그 모든 것을 감당할 자신이 없었다. 유리 멘탈인 나는 결혼 전 자유로운 싱글일 때조차 직장생활하면서 내 몸 하나 건사하기 힘들었기 때문이다. 그런데 거기다 나에게 전적으로 의지하는 아이까지 생긴다면? 나는 나와 아이, 직장까지 도저히 감당할 수 없을 것 같다.

지금 나는 직장을 다니지 않는다. 공식적으로는 전업주부다. 하지만 나는 집에서 아이를 돌보고 남편을 챙기며 마치 전업주부와 같은 삶을 살아감과 동시에 경제적으로는 맞벌이를 하고 있다. 바로 주식으로 말이다.

그런 의미에서 나는 지금 나에게 주어진 주식소득이 너무나 감사하다. 주식 덕분에 아이가 커가는 순간을 곁에서 지켜볼 시간이 생겼고 경제적으로는 넉넉할 정도의 맞벌이를 할 수 있다. 정년도 없다. 이렇게 엄청난 직장이 또 있을까!

이런 나의 특이한 직업은 일반 회사를 다니는 남편의 심적 부담을 덜어주기도 한다. 그는 자신의 회사를 사랑하고 자기 일에 상당한 자부심을 갖고 있는 사람이다. 늘 사표 쓸 날을 갈망하던 나는 이런 애사심 강한 남편이 참 멋지면서도 특이하다고 생각했다. 하지만 나는 안다. 이렇게 본인의 직장을 사랑하는 사람도 언젠가는 반드시 회사를 떠나야 한다는 사실을. 그리고 은퇴 후 남은 수십 년을 위해 다시 다른 직업을 찾아야 한다는 사실도.

결혼하면서 남편과 운명공동체가 된 나는 그런 의미에서 달걀을 한 바구니에 담고 싶지 않았다. 누군가는 꾸준하고 안정적인 소득을 벌어와야 하겠지만 나머지 한 명은 좀더 위험을 감수하더라도 정년이 없는, 그리고 연봉의 한계도 없는 공격적인 소득원을 갖는 것이 오히려 장기적으로 보았을 때는 안정적이고 좋은 전략일 수 있다고 생각했다.

요즘 남편은 전업투자자라는 내 직업이 든든하다고 한다. 나이가 몇 살이 되든, 어떤 산업이 쇠퇴하든, 우리 가족이 어디로 이사를 가든 상관없이 돈을 벌 수 있는 직업이기 때문이다. 주식시장이 너무 안 좋을 때는 남편의 든든한 고정소득이, 주식시장이 좋을 때는 나의 주식소득이 우리 가족의 미래를 더 풍성하게 만들어준다.

하지만 주식투자자라는 직업의 커다란 단점이 하나 있는데, 바로 사람들의 선입견이다. 웬만한 직장인보다 많은 연봉을 벌기도 하고 시간적으로도 자유로운 멋진 직업이지만 주식 특유의 위험성 때문에 직업으로 주식투자를 하고 있다고 하면 대부분의 사람은 오해한다. 마치 노력은 하지 않고 한탕주의에 빠진 도박꾼 정도로 취급하는 것이다. 이 점은 정말 큰 오해라고 생각한다. 대중의 그런 오해를 풀고자 이 책을 쓰게 된 이유도 적지 않다. 진지하게 주식에 임하는 주식투자자의 소득은 절대 거저 주어진 로또 같은 수익이 아니다. 많은 노력과 공부, 정신적 고뇌를 통해 얻게 되는 자유와 풍요다. 주식 그 자체가 불안정하기에 그것을 다루는 투자자는 매우 이성적이고 침착해야만 꾸준한 수익을 얻을 수 있는 쉽지 않은 길이다. 간혹 주식으로 사기를 치거나 장난을 치는 사람들이 있는 것도 사실이지만 성실하고 바르게 살아가는 전업투자자까지 투기꾼을 보듯 하는 시선은 안타깝다. 주식투자도 결국 재테크의 다양한 방법 중 하나일 뿐인데 말이다.

그렇다면 위험하다는 주식투자로 월급을 만들며 사는 내 삶은 어떠할까? 직장생활과는 어떻게 다를지, 또 주식투자로 생활이 정말 가능한지 전업투자자의 일상을 궁금해하는 사람이 많을 것이다.

사실 주식투자가 예측하기 쉽지 않은 분야이기 때문에 매달 쓸 월급을 '만들어내기'란 말처럼 쉬운 일이 아니다. 특히 2022년처럼 장이 나쁜 시기에는 매달 샘물 솟아나듯 돈이 펑펑 생기지 않는다. 장이 좋은 시기에는 달에 몇천씩 벌기도 하지만 장이 나쁜 시기에는 최대한 투자 원금을 잃지 않게 조심하면서 돈을 벌 수 있는 종목이 보일 때 비중을 실어 많이 벌고 확신이 서지 않는 투자는 더더욱 지양한다. 그렇게 번 돈을 1년치 연봉으로 여기며 아끼면서 버텨야 한다. 일명 주식의 '보릿고개' 시즌을 내 돈을 잃지 않으며 최대한 버티는 것이다. 이렇게만 보면 주식투자가 보장된 미래도 없고 참 불안정해 보인다. 하지만 다르게 생각하면 수입에 등락이 있는 것은 사업도 마찬가지 아닌가! 중요한 것은 생활을 영위할 수 있는 충분한 수익을 꾸준히 낼 수 있느냐, 없느냐 하는 점이다.

그렇다면 전업주부 주식투자 맘의 일과는 어떤지 나의 주식투자 하루 일과를 간략히 살펴보자.

전업투자 맘의 데일리 투자 루틴

기상~8:00am 아이가 태어나면서 아이를 돌보는 바쁜 시간이 되었지만 아이가 태어나기 전에는 이 시간대에 명상을 하고, 이후에는 온라인 뉴스를 읽었다.

▶ 명상은 정말 강력 추천하는 마인드 강화방법이다. 세계적으로 성공한 사람들이 명상을 즐겨하는 데는 다 이유가 있다. 명상은 마음을 정화해주고 생각을 또렷하게 유지하도록 도와준다. 또한 내가 미처 생각해내지 못한 좋은 아이디어를 갑자기 머릿속에 떠오르게 해주기도 한다. 가능하다면 아침 시간대에 명상을 생활화하길 추천한다.

8:00~9:00am 주식시장이 본격적으로 시작하기 전 경제방송을 틀어 지난밤 미국/유럽 증시 이슈들과 오늘 장 흐름을 간략히 브리핑해주는 내용을 빠르게 살펴본다.

PC나 증권회사 앱으로 MTS(모바일 트레이딩 시스템)/ HTS(홈 트레이딩 시스템)에 나와 있는 세계 증시들을 훑어보며 분위기를 살핀다.

▶ 시황 분석에 너무 많은 공을 들일 필요는 없다. 이 책에 나오는 주식 공부 단계를 성실히 마치고 실전투자에 접어들었다면 경제지표에 대해 직접 수치를 찾고 분석해볼 필요까지는 없다. 전문가들이 친절히 분석하고 정리해서 브리핑해주는 방송/유튜브 내용을 빠르게 훑

으며 장/단기 시장 분위기를 파악하는 정도로 충분하다. 다만 전문가들 사이에서도 비관론과 낙관론이 나뉘는 경우에는 양쪽의 근거를 다 들어보고 한쪽으로 쏠리지 않게 한다. 다양한 전문가의 의견을 넓게 살펴보다보면 자기만의 기준이 생기게 된다.

이렇게 오늘 장 분위기를 미리 파악해두고 오늘 장이 조금 강세장일 듯하면 주식 거래에 집중해야 한다. 수익이 나는 종목들이 발생해 빠르게 매도해야 할 상황이 생기기 때문이다. 반면 약세장이면 오히려 MTS를 들여다보는 횟수를 줄이고 주식이 아닌 다른 일로 일상을 보낼 준비를 한다.

▶ 장이 나쁠 때는 특별히 매수할 종목이 있는 것이 아니라면 MTS를 온종일 들여다보지 않는다. 심리전에 불리하기 때문이다. 오히려 오늘은 업무가 좀 한가한 날이다라고 편히 생각하면서 나의 일상을 보내면 된다.

9:00~10:00am **장 시작 후 1시간가량은 그날의 변동성이 가장 큰 시간대다. 아이를 등원시키면서 틈틈이 매수해둔 종목을 살피며 급등하는 종목은 빠르게 정리한다. 특히 테마주를 즐겨 하지는 않지만 얼떨결에 테마주(특정 주제와 관련해 한꺼번에 변동하는 여러 주식군)에 엮인 종목 중 급등하는 종목이 있다면 이 시간대에 웬만하면 정리한다.**

▶ 나는 테마주는 웬만하면 매수하지 않는다. 특히 정치 테마주는 급

등락이 너무 심하고 제때 팔지 못하면 급락해 아주 오랜 시간 강제 보유해야 할 확률이 높기 때문이다. 테마주인지 모르고 매수했거나 보유중에 테마에 엮이는 때가 있는데, 그럴 경우 수익이 나면 '욕심 내지 않고' 빠르게 정리한다.

나머지 보유 종목의 움직임을 보면서 오늘 매도 계획이 없다면 오전 종목 관리는 마무리한다.

~2:00pm 이후 시간대에는 매도할 종목이 있거나 신규 매수 준비중인 종목 또는 추가 매수할 종목이 있는 것이 아니라면 주식시장을 자세히 관찰하지 않는다.

▶ 신규 매수 준비중인 종목이 있다면 해당 종목을 관심 종목 리스트에 넣어두고 한동안 그 흐름을 꾸준히 지켜보아야 한다. 좋은 매수 타이밍을 잡기 위해 해당 종목의 움직임(파동)에 익숙해져야 하기 때문이다.

주식 거래창을 계속 확인하며 주식에 매몰되어 있기보다 책을 읽거나 운동하는 등 자기관리를 하면서 기분 좋은 감정을 유지하는 데 좀더 집중한다. 특히 생각이 복잡해질 때는 명상을 하거나 좋은 멘탈을 유지하는 데 도움이 되는 책을 보기를 권한다. 온종일 주식창만 들여다보면 출렁거리는 숫자들을 보다가 충동적으로 행동할 수가 있다. 그러므로 딱히 매수/매도

이슈가 없으면 거래창을 보지 말고 다른 할일을 하는 편이 좋다. 틈이 날 때마다 정보 수집을 위한 다양한 매체를 보고 듣고 읽는다.

▶ 책, 다큐멘터리, 잡지 등 무엇이든 투자에 도움이 될 수 있는 정보를 많이 본다.

2:00pm 2시쯤 갑자기 급등하며 늦은 상한가를 찍는 종목이 종종 있다. 그래서 오전장에 흐름도 좋아 보이고 주가도 상승했으나 추가 상승 여력이 보여 매도하지 않고 보유하고 있던 종목이 혹시 상한가를 치는지 살핀다.

▶ 나는 2시 이후의 주가 움직임이 진짜라고 여긴다. 그래서 2시 이후에 신규 종목을 매수한다.

3:30pm 장을 마감하면서 최종 가격을 확인한다.

▶ 장 마감 이후에 한 번 더 MTS의 투자자별 매매 현황을 살핀다. 오늘의 매수/매도 주체를 살펴보며 분위기를 파악해본다.

6:00pm **시간 외 거래 금액과 거래량을 살핀다.**

▸나는 시간 외 거래는 전혀 하지 않고 거래량과 금액만 확인한다. 해당 종목의 분위기를 파악하기 위해서다. 특히 시간 외 거래에서 생뚱맞게 갑자기 의도적으로 상승시키고 종목 토론방 분위기를 띄우고 나서 다음 날 장 초반에 털고 나가버리는 동호회나 세력이 있을 수 있다. 그러므로 시간 외 상승은 신중하게 지켜보아야 하고 그런 의도적 상승이 의심되는 경우에는 다음 날 장 초반에 오른다고 휘말려 추격 매수하지 않는다.

9:00/10:00pm~ **육퇴(육아 퇴근) 시간에 따라 유동적이지만 아이를 재우고 나면 본격적인 정보 수집을 위해 추가적으로 신문이나 책을 읽는다. 요즘은 유튜브에 다양한 지식을 접할 수 있는 좋은 채널이 많기 때문에 즐겨 보는 채널뿐 아니라 알고리즘이 추천해주는 채널을 최대한 많이 시청하고 도움이 될 정보를 받아들인다.**

▸투자는 정보와 지식을 얼마나 많이, 빠르게 받아들이느냐가 성패의 중요한 요인이다. 그래서 간혹 보기 싫은 채널도 있지만 가리지 않고 최대한 많이 보고 듣고 읽는다.

종목 선정을 가볍게 오후 장중에 하는 경우도 있지만 많은 자금으로 여러 종목을 매수할 때는 이 시간대에 다음 매수 종목을 탐색해 정해둔다.

이렇게 전업투자자로서 나의 하루 일과는 끝이 난다. 굉장히 길어 보이지만 사실 몇 분, 또는 몇 초 단위로 끝나는 일이 많기 때문에 총 근무시간은 매우 짧다. 겉보기에는 거의 일을 하고 있지 않은, 워라밸이 엄청나게 좋은 직업이라고 할 수 있다. 하지만 처음부터 이렇게 간단하고 정례적인 일과를 보냈던 것은 아니다. 좌충우돌 시행착오 투성이였던 주린이 시절을 거치며 공부와 훈련을 거듭한 결과 나에게 맞는 최적의 결과물로 지금과 같은 하루 일과를 얻었다.

주식 실전투자에 막 뛰어들었을 때는 신문 읽기에만 몇 시간이 소요되었고 마인드 컨트롤에 실패해 온종일 주식창을 바라보며 뇌동매매하기 일쑤였다. 그 결과 투자한 시간과 노력에 비해 아웃풋은 적었고 수익은 들쑥날쑥했다. 하지만 마치 자전거 타기를 계속 연습하다보면 익숙해지듯이 꾸준히 공부하고 같은 패턴으로 움직이다보면 익숙해지고, 익숙해지다보면 효율적으로 변하게 된다.

내가 전업투자자의 일상을 공유하면서 강조하고 싶은 것은 주식투자를 직업적으로 접근하려면 어떤 시장 상황에서도 일정한 감정선을 유지하고 습관처럼 투자 정보를 읽고, 듣고, 보아야 한다는 점이다. 그것이 잘 안 되는 사람은 나처럼 의도적으로 MTS를 보는 횟수를 줄이고 억지로 읽는 습관을 만들어서라도 말이다.

특히 감정이 시장에 따라 동요되면 반드시 뇌동매매라는 우발적 행동을 하게 된다. 뇌동매매하는 개미를 먹잇감으로 삼는 포식자들이 주식시장에는 너무나도 많다는 것을 명심하고 그들의 희생양이 되지 않도록 감정선을 잘 유지해야 한다.

깨달음

전업투자자가 되려면 첫째, 규칙적으로 움직이고 둘째, 마인드 컨트롤하며 셋째, 최대한 많은 정보를 습득해야 한다.

주식계의 공무원, '무엇을, 어떻게, 얼마나' 공부했을까?

앞에서 전업투자자로 살아가는 기본 조건인 일상의 루틴화, 끝없는 정보 읽기, 마인드 컨트롤의 중요성에 대해 살펴보았다. 그런데 그 전에 반드시 거쳐야 하는 단계가 있다. 바로 주식을 공부하는 단계다. 주식을 제대로 공부하지 않고 그저 감이나 남이 주는 정보만으로는 전업투자자가 누리는 일상의 워라밸을 얻기 어렵다. 남에게 지나치게 의존한 투자는 사기를 당하기 십상이고, 또 초심자의 행운 역시 아주 잠깐 동안 수익을 맛보기는 가능할지 몰라도 장기간 유지하기 힘들다. 스스로 주식을 공부하고 실전투자에 온몸으로 부딪히며 많은 경험을 체득해야만 비로소 전업투자자라는 직업을 완성할 수 있다. 그런 의미에서 여기서는 내가 무엇을, 어떻게, 얼마나 공부했는지 공유한다.

나는 아이를 직접 돌보면서 주식으로 월급을 만들어내겠다는 원대한 꿈을 이루기 위해 어떻게 해야 할지 고민했다. 솔직히 과거의 경험에 비추어볼 때 내가 평생 전업투자자로 살겠다는 바람은 거의 신기루를 좇는 것과 다름없었기에 허황된 꿈을 이룰 치밀한 전략이 필요했다. 먼저 어느 정도 성공을 거두었다는 투자자들을 관찰해보았다. 큰 틀의 흐름은 비슷해도 투자 스타일은 가지각색이었다. 그도 그럴 것이 사람마다 성격도 다르고, 강점과 약점도 다르기에 주식을 투자하는 방식도 자신에게 잘 맞는 방법이 제각각일 수밖에 없다는 생각이 들었다. 그렇기에 나 역시 무작정 유명하다는 투자자의 비법이나 정보를 따라하기보다 그들의 이론을 참고하되, 나에게 잘 맞는 방법을 찾는 것이 중요하다고 판단했다. 주식투자가 일회성이 아닌 '평생 직장'이 되어야 했기에 고수들의 비법이 무엇인지보다 그들이 어떻게 자신에게 맞는 방법을 **찾았는지**를 아는 데 집중했다.

나는 나의 성향을 곰곰이 생각해보았다. 위험에 과감히 베팅하는 대범한 타입은 아니었고 오히려 관찰력이 좋고 통제력이 높은 스타일이었다. 직업으로 치면 사업가 기질보다는 섬세하고 꼼꼼한 사무직 느낌이랄까. 그래서 나는 내 관찰력과 통제력을 필살기로 갈고닦아보기로 했다. 즉 높은 리스크를 감수하며 높은 수익을 얻기보다 요인 통제를 통해 꾸준히 수익을 발생하게 하는, 안정적인 수익률을 유지하는 방법을 연구하기로 했다.

천릿길도 한 걸음부터!
— 기본서 공부

영어를 본격적으로 배우려면 먼저 알파벳을 공부해야 하듯 나만의 투자방법을 만들기 전에 우선적으로 주식과 경제에 대한 기본적인 지식을 쌓아야 했다. 그래서 주식 관련 책을 최대한 많이 읽어보는 것으로 첫발을 내디뎠다.

나는 2주에 한 권씩 기본서를 공부했는데, 주식 기본서 선택에 특별한 요령은 없었다. 서점에 있는 재테크 주식 코너에서 진열된 책들 중 '직접 책을 펼쳐보고' 이해하기 편한 구성과 문체의 책을 고르면 된다. 꼭 베스트셀러가 아니어도 상관없다. 기본서는 말 그대로 주식에 대한 기본 상식을 설명해둔 책이므로 읽었을 때 이해하기 쉬운 것이 좋다. 당시에는 나도 최대한 많이 읽겠다는 생각으로 기본서를 여러 권 보았지만 지나고 보니 기본서를 너무 많이 볼 필요는 없다는 생각이 든다. 계속 중복되는 내용이 나오기 때문이다. 나의 경험상 기본서는 두 권 정도를 제대로 공부하면 충분할 듯싶다.

특히 나는 길벗출판사에서 나온 『주식투자 무작정 따라하기』와 『차트분석 무작정 따라하기』는 각각 두 번씩, 총 네 번 보았다. 주식투자의 기본기를 다진다는 생각에서 두 번씩 보았는데, 한 번은 연습장에 필기하면서, 한 번은 그냥 읽으면서 전체적인 흐름을 파악했다. 사실 처음에는 모든 것을 외워보겠다는 각오였지만 막상 해보니 외우기가 쉽지 않았다. 집안일을 마치고 남편과 함께 시원한 맥주 한잔하며 영화를 보는 행복한 저녁시간을 반납하고 딱딱한 책상에 앉아 밤새 머리 아픈 경제 용어를 공부한다는 것이 여간 고역이 아니었다. 더욱이 아무도 강제하지 않는 공부였기에 '언제든지 그만둘 수 있다'는 선택권이 나에게 있다는 것은 정말 달콤한 유혹이었다. 쉬고 싶은 유혹을 물리치고 꿋꿋이 주식을 공부할 때 거실에서 재미있게 게임하며 놀던 남편이 어찌나 부럽던지! 아직도 그 뒷모습이 생각난다.

'아…… 그냥 자고 싶다. 이 막연한 공부가 나에게 정말 성공을 가져다줄지 확실하지 않은데, 이렇게까지 공부해야 할까?'

처음에는 매일 잠과의 사투를 벌였다. 내용도 지겹고 외워지지 않아 잠이 쏟아졌다. 열심히 공부해보겠다며 자리에 앉았지만 분명히 공부하고 있었는데 눈 떠 보면 앉은 채 꾸벅꾸벅 졸고 있는 나를 발견하기 일쑤였다. 경제 용어가 이렇게 지겨운 것이라니, 읽고 돌아서면 까먹고, 읽고 돌아서면 까먹는 통에 내가 이렇게 금붕어 수준의 기억력을 가졌나 하는 자괴감마저 들었다.

"역시 공부는 어릴 때 해야 해. 이거 원, 밑 빠진 독에 물 붓는 격이잖아?"

혼자서 중얼중얼 내 기억력에 대한 자조 섞인 푸념을 늘어놓았다. 오 마이 갓, 나의 암기력은 생각보다 심각했다. 다음 페이지로 넘어가면 직전 페이지 내용을 까먹는 지경이었다. 학교 다닐 때는 암기 과목을 곧잘 했는데, 30대가 되어서 그런지 암기력도 쇠퇴한 듯했다. 그렇게 나는 공부는 10대에 하는 것이라는 말을 혼자 중얼거리며 어떻게든 책상에 붙어서 꾸역꾸역 주식 책을 공부했다. 첫번째 책의 첫번째 공부는 말 그대로 외우지 못하고 진도를 억지로 밀고 나갔다고 표현하는 편이 맞을 듯하다. 돌아서면 잊고, 돌아서면 잊었지만 그냥 꾸역꾸역 연습장에 메모하며 진도를 밀어붙였다. 잘 외워지지는 않지만 알아두면 좋을 것 같은 내용은 포스트잇에 써서 냉장고 문이나 화장대 거울 옆 등 내가 자주 다니는 곳에 붙여두고 틈나는 대로 읽었다. 그렇게 억지로 첫번째 책을 다 보고 나니 어느 정도 주식과 경제가 무엇인지 스치듯 이해한 느낌이었다. 딱히 기억나는 단어는 없지만 괜히 경제 좀 아는 지식인이 된 듯한 자신감이 붙었다.

이어서 첫번째 책의 두번째 복습, 두번째 책의 첫번째 공부, 두번째 책을 복습하면서 주식이라는 분야의 기본을 어느 정도 이해해나갔다. 이후에도 주식 기본서를 여러 권 더 보았지만 다 비슷비슷한 내용을 설명했다는 느낌이 들었다. 그래서 지나고 보니 기본서를 보는 데 너무 많은 시간을 투자할 필요는 없다는 생각이 든다.

또 한 가지, 기본서를 공부하다보면 주식 차트를 분석해 투자할 것인지, 기업의 가치를 분석해 투자할 것인지 투자 방향을 정하고 그에 따라 추가적으로 볼 기본서를 다르게 하는 편이 좋다. 나는 국내 주식의 경우 재무와 미래가치도 보지만 차트와 수급 분석을 통한 단기투자를, 국외 주식의 경우 지수 추종 ETF를 주투자처로 한 초장기투자를 주 투자방식으로 잡았기에 국내 주식 단기투자를 위한 차트 분석 기본서를 따로 보았다.

안정적이고 통제 가능한 수익을 추구하는 내가 왜 단기투자를 선택했는지 궁금해하는 이도 있을 것이다. 많은 투자 책이 우량주를 찾아 적금 형식으로 주식을 사고 5년이고 10년이고 푹 묵혀두는 투자방식을 추천한다. 나 역시 그런 투자방식을 추천하는 책을 여러 권 보았고 안정성에 일정 부분 공감하는 바다. 그럼에도 불구하고 나는 국내 주식시장에서 극히 일부 종목을 제외하고는 장기투자를 하지 않는다. 길어도 1년 정도 보유하고, 대부분 짧게는 일주일에서 6개월 이내에 매도한다. 안정적 투자를 지향한다는 내 투자 철학과 장기투자는 웬만하면 하지 않는다는 이야기를 하면 사람들은 고개를 갸우뚱한다.

나는 왜 국내 주식을 장기투자하지 않을까? 그 이유는 아주 간단하다. 당장 1년 뒤, 아니 1분 뒤의 미래도 확신할 수 없는 세상에서 과연 10년 뒤 살아남을 기업을 내가 족집게처럼 집어낼 수 있을까 하고 자문해보았을 때 자신 있게 "예스"라고 대답할 자신이 없기 때문이다. 알다시피 주식시장에서는 해마다 온갖 사건, 사고와 상장 폐지되는 기업이 비일비재하다. 그런데 수년 뒤에 상장 폐지될 기업을 누가 정확히 예측할 수 있을까? 기업을 오래 유지할수록 리스크는 더 다양해지고 커진다. 그런 정글 같은 세계에서 거의 인생을 거는 초장기투자 종목을 찾는 일은 얼마나 신중해야 하는가. 심도 깊은 공부와 기업 분석, 미래 유망 산업에 대한 이해가 필수적일 것이다. 그런데 전문가보다 내가 그런 깊은 수준의 정보에 대한 접근성이 좋을까? 내 대답은 "노"였다. 내 말에 혹자는 이렇게 말할 것이다. 그래서 장기투자는 안전한 대기업, 시가 총액 상위 열 개 종목에 투자하는 것이라고 말이다. 주식에 입문하는 초보투자자들이 가장 자주 듣는 말 중 하나가 '대형주 위주로 장기투자하라'는 것일 터다. 이 말은 과연 사실일까?

2022년 6월 〈조선일보〉에 "삼성전자·현대차 10년 묻어뒀다면? 계산해봤더니……"라는 기사가 실렸다. S금융투자의 분석을 바탕으로 우리나라와 미국의 시가 총액 상위 열 개 종목에 대해 10년 전과 주가를 비교한 내용이었다. 2012년 미국과 한국 증시의 시가 총액 상위 열 개 종목을 뽑아 최근까지 주가 등락률을 살펴본 결과 미국에서는 세 개 종목, 국내에서는 삼성생명, 현대차 등 다섯 개 종목의 주가가 오히려 10년 전보다 낮았다. 10년이라는 긴 세월을 믿고 투자했는데, 상승은커녕 하락하는 주가를 본다면 그 허탈함은 이루 말할 수 없을 것이다. 또한 주가가 상승한 기업 역시 자세히 살펴보면 10년이라는 긴 투자 기간 대비 수익률이 그다지 높지 않음을 알 수 있다.

물론 10년 전에 주당 몇천 원에 불과하던 주식을 샀다가 오래 유지한 덕에 그야말로 인생 역전한 사례도 분명 있을 것이다. 하지만 내가 '그런 옥석을 정확히 구별해낼 수 있을 것인가' 하는 문제는 냉정하게 짚고 넘어가야 한다. 그런 의미에서 나는 가까운 미래에 대한 이해, 해당 기업의 가까운 실적에 대한 예측, 지금 움직이는 수급들의 가까운 미래에 대한 예측을 통한 단기(짧게는 일주일에서 길게는 한 달 정도)와 중장기(6개월에서 최대 1년) 투자방식이 나에게 가장 맞으며 안전한 투자라고 판단했다.

마지막으로 주식 책을 공부하다보면 지루하면서도 방대한 내용을 '얼마나 깊이 공부하고, 얼마나 외워야 하나' 하는 고민에 휩싸일 것이다. 결론적으로 나는 외우지 않고 반복적으로 읽어가면서 이해하는 데 중점을 두었다. 학자처럼 정확한 단어를 생각하지는 못해도 어떤 의미인지는 머릿속에 떠올릴 수 있는 상태, 즉 실용적으로 투자에 활용할 수 있도록 이해하는 데 집중했다. 이런 공부 방향은 지금 내가 투자자로 살아가는 데 충분한 밑거름이 되었다.

깨달음

기본서는 꼼꼼히 공부해야 한다. 하지만 많이 외우는 것보다 투자에 활용할 수 있게 실용적으로 이해하는 것이 중요하다.

오르락내리락 차트 공부

차트 분석에 대한 책을 처음 펼쳐보면 어떻게 공부해야 할지 막연한 느낌이 든다. 설명해둔 다양한 차트 모습을 그대로 외우라는 것인지, 이해만 하고 넘어가도 되는 것인지 혼란스럽다. 심지어 어떤 전문가들은 차트에 줄을 긋고 각도까지 이야기한다. 안 그래도 공부해야 할 것이 산더미인데, 너무나 다양한 차트의 모양과 투자 이론들, 게다가 이젠 각도까지 외워야 하나 싶어서 이른바 멘붕이 왔다. 이 모든 것을 다 외울 것인가에 대한 선택의 기로에 선 것이다.

처음에는 "나는 의지의 한국인이다!"를 외치면서 외워보기로 했다. 99%의 주식 열공자가 그러하듯 연습장에 봉을 하나하나 그리며 암기 과목 외우듯 열심히 노력했다. 그런데 예상치 못한 난관에 부딪혔다. 책에서 설명해준 봉차트(캔들차트)들을 몇 가지 그대로 외웠더니 실전 차트를 보았을 때 내가 외운 차트의 모양과 완전히 부합하지 않는 차트들을 보면 이해되지 않았다. 앞으로의 흐름을 조금이나마 예측해보기 위해 과거의 차트를 분석하는 것인데, 봉차트를 외워버리니 생각이 많아져 더욱 예측되지 않았다. 특히 봉차트의 시작일을 어느 지점에서부터 보느냐에 따라 봉차트의 해석이 달라져 혼란스러웠다. 외려 열심히 외웠던 차트와 봉 예시들이 나를 더욱 혼돈 속으로 몰아넣었다.

〈그림 1〉의 실제 차트를 살펴보자. 차트에서 도지 모양(시가와 종가의 차이가 거의 없어서 십자가 모양으로 보이는 봉) 봉을 볼 수 있는데, 그중 특히 노란색으로 표시한 도지봉을 한번 보자. 도지봉은 대개 상승 곡선 상단부에 위치하면 주가의 하락 신호로 예상하고, 하락 곡선 하단부에 위치하면 상승 반전 가능성을 나타낸다고 한다. 그런데 당신이 1번 도지가 발생한 날에 있다고 가정

그림 1

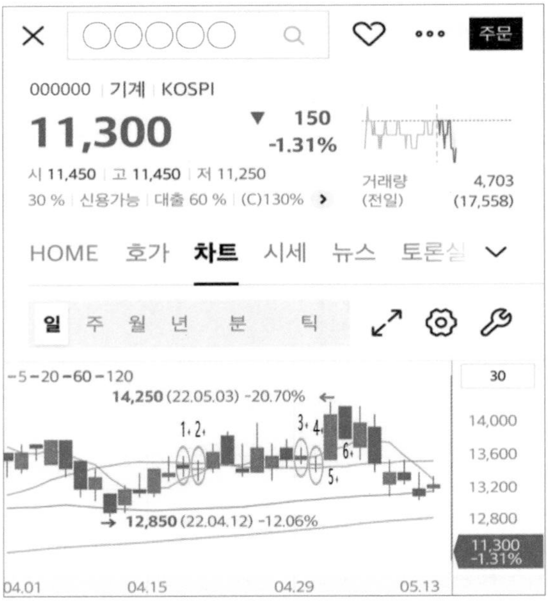

해보자. 당장 다음 날 상황을 전혀 모르는 상황에서 1번 도지가 상승의 꼭지에 있다고 볼 것인가? 만약 그렇다고 한다면 그다음 날 2번 도지가 출현했다. 2번 도지는 하락의 시작으로 볼 것인가? 아니면 횡보 구간이라 볼 것인가? 시간이 흘러 3번, 4번 도지 역시 마찬가지다. 도지를 몰랐을 때는 별생각 없이 보던 차트의 흐름이 도지봉을 공부하고 나니 오히려 혼란스럽게 보였다.

4번 도지 출현 이후 제법 큰 크기의 5번 양봉(상승)이 나타났다. 만약 당신이 해당일에 있다면 상승 흐름으로 보고 매수할 것인가? 만일 그랬다면 그다음 날 6번 음봉(하락)을 맞이하게 되며 설상가상으로 이후 주가의 흐름은 20일 이동 평균선 아래로 내려가며 하락하는 것으로 보인다. 무식하면 용감하다고 했던가. 나는 차라리 봉차트가 무엇인지도 몰랐을 때가 어설프게 차트를 공부한 이후보다 투자 종목 선정과 타이밍에 더 두려움이 없었다는 느낌마저 들었다. 이와 같이 책에서 배운 내용을 실전에 적용하면 꽤 혼란스러운 부분이 생긴다. 공부하면 답이 보일 줄 알았는데, 공부할수록 겁만 더 많아지는 듯했다.

앞에서 예시로 인용한 〈그림 1〉의 ○○○○○는 내가 실제로 매매했던 종목이다. 이 종목의 끝은 어떻게 되었을까? 예시에서 본 마지막 모습대로 하락으로 마무리? 아니다. 결국 〈그림 2~3〉과 같은 멋진 급등을 보여주었고 나는 4월 27일 최초 매수, 5월 20일 최종 매도했다(거래 금액은 개인 정보라 삭제했다). 나는 해당 종목을 어떤 근거로 4월 27일부터 매수했을까? 물론 매수할 때는 차트뿐 아니라 거래량, 매매 동향, 호가창의 움직임 등 다양한 요인을 참고한다. 내가 매수하는 방법에 대해서는 섹션 3에서 자세히 살펴볼 것이다. 먼저 지금은 실전투자 전 주식 공부 단계에서 매수 종목 선정의 가장 기본이 되는 차트를 **어떻게 공부했는지**를 좀더 살펴보자.

아마 주식 공부 초반의 나였다면 ○○○○○ 봉차트의 예측 불가능한 단편적인 봉에 갇혀 한 치 앞도 모르는 멘붕 상태에서 뇌동매매를 일삼고 있었을 것이다. 하지만 단편적인 봉의 사전적

그림 2

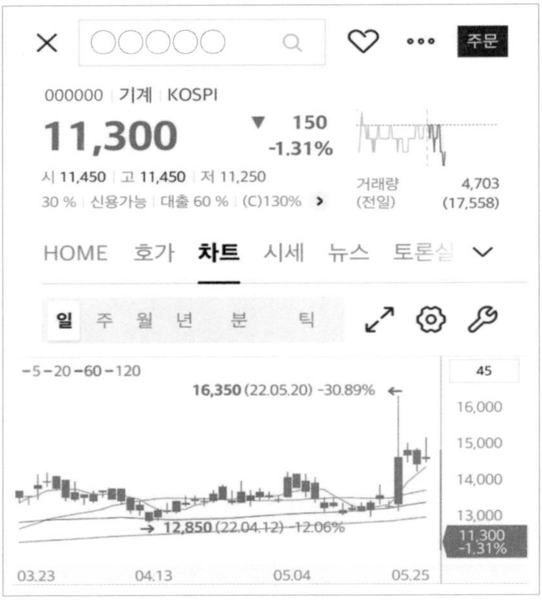

그림 3

상세(종목)보기

2022.04.27 ~ 2022.05.26 (매매비용불포함)

매매일 종목명	매수금액 매도금액	손익금액 수익률	매매비용
2022/05/20 삼익THK	0 	 14.58%	
2022/05/18 삼익THK		 2.06%	
2022/05/16 삼익THK	 0	0 0.00%	0
2022/05/13 삼익THK	 0	0 0.00%	0
2022/05/10 삼익THK	 0	0 0.00%	0
2022/05/06 삼익THK	0 	 2.10%	
2022/04/27		0	[illegible]

정의를 암기하는 방식에서 벗어나 스토리 형식으로 좀더 넓게 봉차트를 이해하는 연습을 계속하면서 그런 흔들림을 많이 줄일 수 있었다. 그렇다면 봉차트를 공부한 이후 외려 멘붕에 빠진 내가 방황 끝에 찾아낸 스토리 형식의 이해라는 것은 무엇일까?

먼저 차트의 가장 기본인 양봉과 음봉에 대해 알아보자.

양봉 : 종가가 시가보다 높은 경우를 의미하며 붉은색으로 표시한다. 즉 주가가 시작가보다 가격이 상승한 채로 그날 장이 마감했다는 뜻이다.

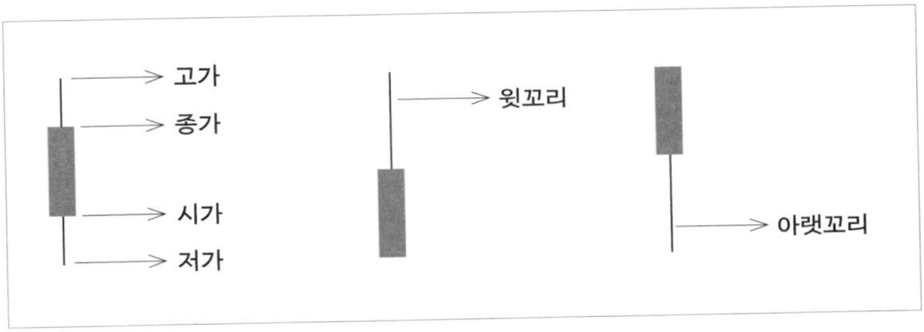

음봉 : 종가가 시가보다 낮게 끝나는 것을 의미하며 푸른색으로 나타낸다. 즉 시작가보다 가격이 하락한 채로 그날 장이 마감

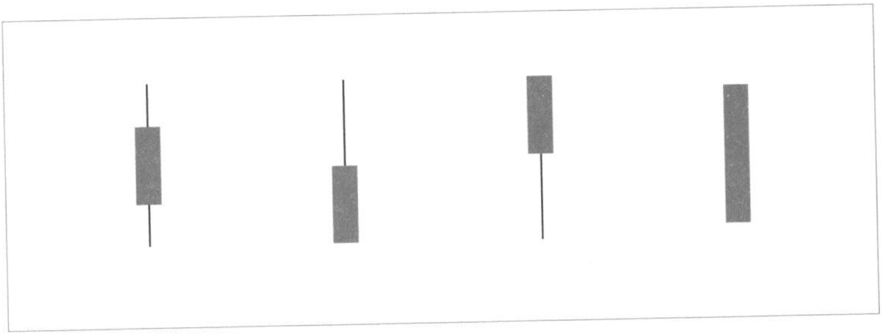

했다는 뜻이다. 양봉, 음봉 모두 윗꼬리/아랫꼬리는 있는 경우도 있고 없는 경우도 있으며 길이도 제각각이다.

양봉, 음봉 모두 연속적으로 펼쳐지는 차트를 해석하는 것을 봉차트 분석이라 한다.

주식의 차트 분석 기본서를 펼치면 봉차트 분석에 하락장악형이라는 패턴이 나온다. 유명하면서도 이해하기 쉬운 형태다. 그 뜻을 포털 사이트에서 찾아보면 다음과 같다.

> 하락장악형(Bearish Engulfing) : 주가의 상승 추세에서 형성되는 패턴으로 전일 양의 몸통을 다음날의 긴 음의 몸통이 감싸안는 형태로 이전까지의 상승 추세를 하락으로 반전시킬 가능성이 매우 높다. 첫번째 봉의 크기가 작고 두번째 봉의 크기가 클수록 거래범위가 두번째 봉에 의해 완전히 감싸일수록 신뢰도는 증가한다. 만일 두번째 봉에 대량 거래가 수반되었다면 더욱 의미가 있다.

나는 이렇게 정의되어 있는 하락장악형을 사전적 정의 그대로 '주가의 상승 추세에서 형성되는 패턴으로 첫번째 봉의 크기가 작고 두번째 봉의 크기가 클수록 신뢰도가 더 커진다'라고 외우지 않았다. 심지어 어떤 정의에는 "봉의 크기가 며칠 전 종가를 몇 % 돌파한다거나 N일 이동평균선을 돌파하면 신뢰도가 더 높다"라는 설명도 친절히 써둔다. 이것을 어떻게 세세히 다 외울 것인가. 그리고 하락장악형은 무조건 나쁜 현상일까?

그림 4 하락장악형 차트

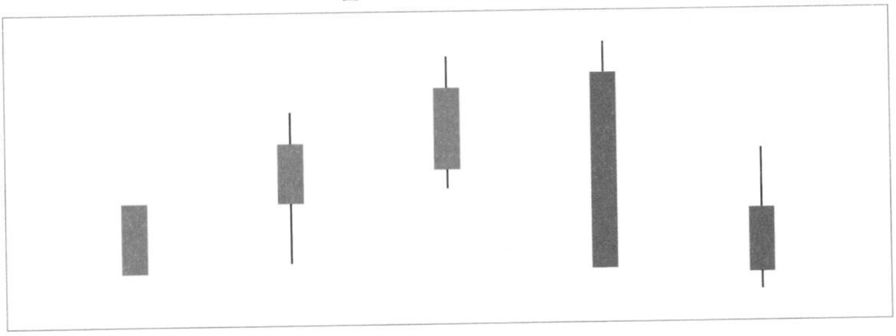

주식세계에는 하락장악형뿐 아니라 너무나 다양한 패턴이 존재한다. 주식 차트란 수많은 봉의 연결이다. 〈그림 4〉의 지점에서는 하락장악형의 예시로 보이는 봉들도 직전 봉들의 조합에는 전혀 다른 스토리일 수 있다. 만약 앞의 정의를 그대로 외워버린다면 실전투자에 돌입했을 때 본인이 외운 차트의 모습과 완전히 부합하지 않는 차트를 볼 때 이해하지 못한다. 특히 하락장악형 같은 그나마 구분하기 쉬운 봉차트가 아닌 분석 위치에 따라 의미가 모호해지는 다른 봉의 경우에는 봉차트의 시작을 어느 지점에서부터 보아야 하는지 혼란스러우면서 말 그대로 멘붕이 온다.

봉차트는 '**사람**들의 움직임이' 봉으로 나타나 있는 결과물이다. 그러므로 봉차트를 표면적 모습만 이해하려 하지 말고 봉차트 뒤에 숨어 있는 **사람들의 움직임**을 전체적인 흐름으로 이해하려고 노력해야 한다. 이야기처럼 흐름을 타면서 이해해보는 것이다. 그렇다면 나는 차트 분석 기본서를 공부할 때 앞의 하락장악형을 외우지 않고 어떻게 이해했을까?

양봉이 나오면서 계속 우상향하던 차트에 매수세보다 매도세가 강한 흐름의 반전이 나타났다. 세상 만물에는 관성의 법칙이 작용하는데, 우상향하는 관성이 붙은 해당 주식을 하방으로 흐름을 바꿀 만큼의 무시할 수 없는 힘이 가해졌다. 의도를 가진 힘이라 할 수 있다. 나는 크게 두 가지를 생각해보았다. 자연스럽지 못한 이 흐름의 의도는 무엇일까? 그리고 이 흐름의 반전을 사람들은 어떻게 받아들일 것인가? 각각의 생각에 대해 좀더 자세히 살펴보자.

Q1. 자연스럽지 못한 흐름의 의도는 무엇일까?

Step 1 거래량 체크

거래량이 대량인 경우

많은 수의 사람 또는 아주 많은 물량을 갖고 있는 소수의 사람이 대량으로 매도했다. 대부분의 사람 또는 주류의 누군가는 더 상승할 가능성보다 하락할 가능성이 높다고 생각하고 있다.

나는 이 종목의 내부 사정을 세세히 알지 못한다. 그런데 상승 흐름을 꺾을 만큼의 갑작스럽고도 확고한 사람들의 움직임이 나타났다는 것은 주의 깊게 살펴야 할 현상이다. 그런 의미에서 많은 사람(또는 많은 물량)이 이쯤에서 매도하는 것이 더 낫다고 여긴다는 의미의 대량 거래량은 무시할 수 없는 시그널로 받아들인다.

거래량이 소량인 경우

아주 소량의 주식으로 많은 주가의 하락이 일어났다. 어떻게 가능한가? 가능성 하나, 매물대에 걸려 있는 대기 매수 매물이 적어서 몇 주만 매도해도 호가가 아래로 많이 떨어지는 상황이라면 매수 주체(세력)가 움직이지 않고 있는 상황에서 소수의 개인투자자(또는 소량의 주식)가 수익 실현을 했다. 일개 개미인 내가 원인을 정확히 모르는 상황일지라도 적어도 소수의 판단에 의한 하락이다. 그러나 그 액수가 적기 때문에 매도 주체가 주류가 아닐 가능성이 높고 개미(개인투자자)의 판단에 의한 하락일 수 있다고 여긴다. 이럴 경우 좀더 추이를 지켜보며 하락 반전이 진행되는 것이 맞는지 살핀다. 가능성 둘, 누군가 의도적으로 상승하던 기세를 막고자 소량으로 한 호가 아래로 던지면서(시장가로 팔면 조금이라도 덜 볼 손실을 굳이 가격을 스스로 낮추어 팔면서) 만들어냈다. 그 하락 유도 의도에 말려든 몇몇 개미도 함께 매도를 진행해 비교적 적은 거래량으로 긴 음봉을 만들어냈다. 손실을 감수하면서까지 소량으로 주가 하락을 만든 주체의 의도는 무엇일까? 여기서 핵심은 소량이다. '누군가'는 소량으로 하락을 만들었다. 하지만 대량으로 매도하지는 않았다. 자기 매물을 다 팔지 않으면서 조금만 아래로 팔며 개미들을 겁주어 가격을 낮추었다. 그 존재의 의도는 무엇일까? 왜 고의로 가격을 낮추는가?

▶ 거래량의 대량/소량의 판단은 어떻게 할까? 해당 종목의 차트 코너

에 기본적으로 제공되는 거래량 막대그래프를 과거 흐름과 비교해 살펴본다. 각 종목마다 평균적으로 거래되는 거래량이 있는데, 최근 거래량 막대의 몇 배가 넘는 거래량 막대가 솟구친다면 대량으로 간주할 수 있다. 소량의 판단 역시 해당 종목의 평균적 흐름과 비교해 상식선에서 판단하면 된다.

Step 2 **다음에 나타나는 봉 확인**

거래량을 확인했다 하더라도 방향성에 대한 신뢰도를 높이기 위해 최소 3, 4일 이상 봉들의 움직임을 살펴본다.

계속 하락(특히 다수의 음봉 출현)

추세를 하락으로 바꾸려 한다. 한동안 하락할 확률이 높다.

상승 다시 시작

상승 중간에 만들어진 일시적인 하락이었다. 즉 누군가의 중간 수익 실현이거나 개인투자자를 겁주기 위한 의도적인 하락일 가능성이 있다.

Q2. 사람들은 흐름의 반전을 어떻게 받아들일 것인가?

이 주제는 책으로 차트 공부를 하면서 알 수 있는 부분이 아니고 실제 MTS를 보면서 확인하는 부분이다. 하지만 차트 흐름 변화의 의도를 파악한 뒤 그 현상에 대한 사람들의 반응을 살피는 것이 정말 중요하기에 이 섹션에서 한번 언급하고 넘어가려

한다. 발생한 현상에 대해 사람들이 어떻게 받아들일지가 왜 중요할까? 앞에서 언급했듯이 주식은 사실 사람 간의 심리게임이다. 국내 주식시장에는 주식을 좌우하는 거대한 세력(그것이 외국인이든 기관이든 돈 많은 개인이든)이 존재하고 그들의 의도에 따라 이리저리 휘둘리는 개미(개인투자자)가 있다. 우리의 목적은 주식시장을 좌우하는 주류의 입장에 편승해 돈을 버는 것이다. 그렇다면 주동자의 의도를 파악하고 그의 의도가 사람들에게 잘 먹히는지 관찰자 시점에서 반응을 관찰하는 것이 중요하다.

Step 1 호가창 확인

대량 음봉 발생 당일, 그리고 그다음 1, 2일간 호가창의 움직임을 본다. 개인투자자들이 해당 음봉에 현혹되어 함께 '던지고' 있는가? 그들은 지금의 상황을 진짜 하락장으로의 추세 전환이라 여긴(믿는)다.

> ▶ 개미의 매도를 어떻게 추측할까? 사실 누가 개미이고 누가 세력인지 호가창만 보고 정확히 파악하기란 불가능하다. 하지만 나는 내가 개미고, 하락의 공포에 주식을 던진다면 어떻게 할지 생각해보았다. 아마도 처음에는 맛보기로 100주, 200주, 이렇게 한두 번 던져보다가도 공포가 극에 달하면 갖고 있는 수량을 한 번에 매도할 확률이 높다. 그러면 그 모양새는 1000주, 500주, 100주씩 깔끔하게 떨어지는 숫자가 반복적으로 나타나는 것이 아니라 384주, 927주처럼 돈의 총

액에 맞추어진 숫자일 테고 반복적으로 나타나기보다는 일시적으로 (충동적이라는 표현이 더 걸맞다) 쏟아져나오는 모양새일 것이다. 하지만 그 양은 **세력만큼 많지 않다는 것**을 꼭 명심해야 한다. 깔끔하게 떨어지는 숫자가 아니더라도 엄청난 물량이 끝없이 쏟아지는 것은 개인보다 그 정도 물량을 보유할 수 있는 세력이라고 생각한다. 그리고 세력이 대량의 물량을 털고 있다는 것은 **우리도 빠져나와야 한다는 경고 신호**다. 누군가가 계속 한 호가 아래로 던지며 음봉을 만들어도 투매 물량이 나오지 않는다면? 개미들이 더이상 팔 물건이 없거나 해당 종목이 앞으로 더 상승할 재료가 충분하다고 여긴(믿는)다.

Step 2 주식 토론실 확인

네이버 증권의 토론실 등 여론을 살펴본다. 여론이 어떠한가? 토론실에는 보통 바람잡이가 존재하는데, 그들이 어느 쪽으로 바람을 잡고 있는가? 추가 폭락이 있을 것이라고 겁을 주는가? 아니면 일시적 하락일 뿐이라고 구슬리는가? 어느 쪽이든 그들은 의도를 갖고 있다. 글쓴이의 의도를 파악해보려 노력하며 토론실의 선량하고 순진한 개미들이 어느 쪽으로 **동요하는지**도 면밀히 살펴보아야 한다.

Step 3 다음에 나타나는 봉 확인

최소 3일 이상 봉의 움직임을 지켜본다. 리스크 관리를 위해 추세가 어떻게 돌아가는지 살펴야 하므로 바로 매수/매도 행동을 취하지 않고 며칠 동안 봉의 움직임을 본다.

하락 추세로 바꾸기 위해 장대 음봉이 나왔으나 다시 버티며 위로 상승하는가?

대량 거래의 장대 음봉이었을 경우 다시 가격을 올리는 듯 속이며 물량을 떠넘기려는 세력의 의도인지를 주의하고, 소량 거래의 장대 음봉이었을 경우 상승을 조심스레 기다려본다.

장대 음봉 이후 계속해서 가격이 하락하며 음봉 출현 횟수가 양봉보다 많아지는가?

대부분의 투자자의 열정이 식고 있다. 그들은 이제 빠질 때라고 생각하고 있다. 한동안 주가가 내리막일 가능성이 다분하다. 안전을 위해 매수나 추격 매수 없이 지켜보아야 한다.

▶ 제발 가격이 흘러내릴 때 성급하게 추격 매수하지 말자. 수익을 조금 덜 내더라도 손실을 최소화하는 것이 중요하다. 평단을 낮추겠다는 생각에 쉽게 휩쓸리지 말고 신중하게 흐름을 파악해야 한다. 특히 하락 차트일 때 바닥이 어디인지 모른 채 물타기하는 것은 매우 위험하다. 하락 차트에서 드문드문 나오는 가짜 양봉을 상승 전환이라 여기고 덜컥 물을 타면 안 된다. 불에 무작정 뛰어드는 불나방은 불에 타 죽을 확률만 높아진다. 신중해지자. 종목이 하락할 때 대응하는 법, 물타기에 대해서는 섹션 3에서 자세히 다룰 것이다.

나는 이렇게 봉차트 뒤의 사람들이 어떤 생각으로 움직여서 이런 모양의 봉차트가 만들어졌는지를 상상해보려 노력했다. 사실 앞에서 다룬 장대 음봉의 해석은 각 종목의 상황마다 해석이 조금씩 달라질 수 있다. 종목마다 생성된 이슈가 다르고 사람들의 반응이 다르므로 그들의 발자취인 봉차트 역시 종목과 때에 따라 그 이유가 다르기 때문이다. 다만 인간은 교육에 의해서든 본능에 의해서든 특정 상황에서 비슷한 행동을 하는 경향이 있기 때문에 어느 정도 묶어서 예측이 가능할 뿐이다. 그러므로 예시로 제시한 나의 해석들 역시 무조건 외워서 모든 상황에 대입하기보다는 종목마다 유연하게 적용하는 것이 옳다.

강조하고 싶은 핵심은 차트 분석 책에 나와 있는 내용을 집중해서 읽고 이해하되, 문자 그대로의 정의를 암기하기보다는 봉차트 뒤에 있는 사람들의 움직임을 이해하려고 노력하라는 점이다. 혼자 끙끙대며 스토리를 읽으려는 시간을 갖는 것이 실전투자에 훨씬 도움이 된다. 매도하려는 사람이 매수하려는 사람보다 '갑자기' 많아졌다. 이유는 무엇일까? 이 움직임은 얼마나 확실한 정보에 따른 움직임일까? 사람들의 반응은 어떠한가? 이런 물음표를 던져가며 차트를 읽어보기 바란다.

이해를 돕기 위해 예를 하나 더 살펴보자. '한경 경제용어사전'에서 상승망치형(그림 5)을 찾아보면 다음과 같이 검색된다.

> 주가 하락 국면의 저점에서 주로 나타나는 패턴으로 작은 몸통과

그림 5 상승망치형 차트

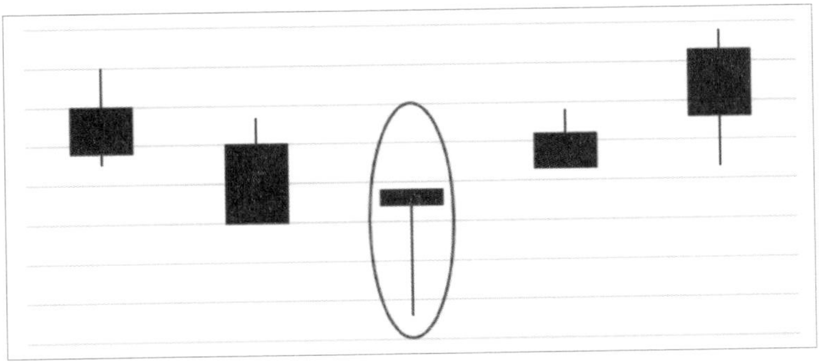

긴 아래 그림자*를 이루며 위 그림자*가 전혀 없거나 거의 없는 형태다. 일반적으로 몸통의 색깔과는 관계가 없지만 음봉일 때보다는 양봉일수록, 몸통의 길이가 짧을수록, 그리고 그림자*가 길수록 추세 전환의 신호로서 의미가 더 크다. 보다 확실한 추세 전환 시기 판단을 위해서는 반드시 이후의 가격 변화 추이를 확인해야 한다.

*그림자는 꼬리를 뜻한다.

이 봉차트 패턴에 대한 정의도 기본서에 세세하게 나와 있다. 종가가 전일의 종가에 비해 어느 정도 위치에 있어야 하는지, 꼬리의 길이는 어느 정도 길어야 하는지도 나온다. 그런데 꼬리의 길이가 얼마나 길어야 하는지, 종가의 위치가 어디에 있어야 해당 봉차트에 해당하는 것인지를 모두 정답처럼 외울 필요가 있을까? 나는 앞의 패턴을 책으로 공부할 때 이렇게 이해하고 넘어갔다. 첫째, 자연스럽지 못한(갑자기 나타난 긴 꼬리) 이 흐름의 의도는 무엇일까? 둘째, 사람들은 이 흐름의 반전을 어떻게 받아들일까?

Q1. 자연스럽지 못한 흐름의 의도는 무엇일까?

Step 1 거래량과 꼬리의 길이 확인

계속해서 하락하던 종목에서 깊은 하락을 반전시키는 움직임이 나왔다. 계속해서 하락하는 종목에는 대부분의 사람이 하락에 익숙해져 아래로 떨어지는 관성이 붙어 있을 텐데, 그 관성을 이겨내며 긴 꼬리를 만들면서 위로 상승해서 올라왔다. 누군가는 이 종목을 끌어올렸다. 힘의 방향을 바꾸기 위해 많은 힘(자금)이 들어갔을 텐데, 앞으로 하락만 남은 상황이라고 여긴다면 섣불리 행하기 힘든 행동일 것이다. 또는 '누군가'는 해당 주가의 가격이 더이상 하락하는 것을 원하지 않는다. 이미 붙어 있는 하락 관성을 정면으로 맞서며 주가를 위로 올리면서 더 떨어지지 않게 막은 것이다. 만약 거래량이 많이 들어갔다면 투입된 자금이 더 클 테니 더더욱 그 의지가 무시할 수 없는 정도라는 증거가 된다.

아랫꼬리가 길면 길수록, 거래량이 많을수록 아래로 떨어진 주가를 위로 올리는 데 더 많은 힘(자금)이 필요했다는 증거며 이는 상승하려는, 적어도 더이상 떨어지는 것을 원하지 않는다는 의도가 있다고 판단할 만한 근거다. 생각해보라. 해당 종목을 싸게 사기를 원했다면 계속해서 하락하는 관성을 멈추지 않고 알아서 가격이 떨어지게 두며 저렴한 가격에 매수하면 되었을 것이다. 하지만 '누군가'는 '이 가격까지'가 용납 가능한 하락인 것이다.

만약 꼬리가 확실히 긴 망치 모양의 봉 다음에 상승의 방향 전환이 느껴지는 봉이 연이어 나타난다면 나는 해당 종목이 하락의 관성에서 벗어나 의도대로 상승으로 방향을 틀었다고 생각할 것이다. 이는 내가 즐겨 매수하는 안전한 상승의 상태다.

소량 거래량/짧은 꼬리인 경우

거래량이 적거나 봉의 꼬리가 짧은 경우에는 그 힘과 노력의 크기가 약해 '의도'를 확신하기가 힘들다. 그러므로 매수에 나서기보다는 시간을 두고 지켜보며 의도를 파악해야 한다.

Step 2 다음에 나타나는 봉 확인

방향성에 대한 신뢰도를 높이기 위해 최소 3, 4일 이상 봉의 움직임을 확인한다.

계속 하락

잠시 상승을 보이는 듯하던 차트가 다시 흐르듯 내려앉고 더 이상 아랫꼬리를 단 주가 관리 봉도 보이지 않는다면 n차 방어선이 뚫렸다고 여기고 추격 매수나 신규 매수를 더더욱 하지 않을 것이다. 바닥이 확인되지 않는 상태다.

상승 시작

하락하던 종목의 흐름이 아랫꼬리를 길게 단 망치형이 출현한 뒤 상승으로 방향을 틀었음을 높은 신뢰도로 확신할 수 있다. 이런 상황의 종목은 매수하기 안전한 편이라고 여긴다.

나는 이런 식으로 현상의 의도와 전체적인 흐름을 이해하려고 노력했다. 양봉/음봉을 사람의 의도로 간주하고 그 의도 방향이 어느 쪽으로 흐르는지(우상향, 우하향), 그리고 얼마나 강한지(봉의 길이, 거래량의 크기)를 해석해보는 연습을 하면서 특정 봉의 상황을 집중해서 이해하되, 외우지는 않고 흐름을 타는 방식으로 차트 분석 기본서를 공부했다. 이런 식으로 흐름을 이해하는 연습을 해놓으면 어떤 모양의 차트를 보아도 멘붕이 오지 않는다.

전체 차트의 단편적인 모습만 보여주는 차트 분석 책은 그대로 외우는 것보다 양봉, 음봉의 의미를 이해하고 봉을 개별로 보면서 전체 흐름을 이해하는 연습을 계속하는 것이 투자에 실질적인 도움이 되었다. 앞의 예를 설명할 때는 상황 이해를 돕기 위해 해당 차트의 움직임과 그에 따른 사람들의 반응까지 세세히 생각해보는 설명을 했지만 주식 기본서로 기본을 공부하는 단계에서는 차트에 대해 의도를 상상해보는 연습을 하고 이후 실전투자에서는 발생한 상황에 대한 의도와 그 의도가 사람들에

깨달음

차트를 데이터로 받아들이기보다 사람들의 움직임으로 해석하며 흐름을 이해해 보자.

게 어떻게 작용하는지 반응까지 살펴보는 연습을 하면 된다.

빠른 정보 습득을 위해,
경제 용어 공부

'와, 이거 도저히 안 되겠는데? 경제 용어는 왜 이렇게 많은 거야. 모르는 단어가 나올 때마다 뜻을 일일이 찾자니 시간이 너무 많이 걸리는걸…….'

근거 없는 자신감으로 주식 공부에 덜컥 덤벼들었는데, 막상 공부를 하다보니 처음 보는 경제 용어의 향연이었다. 굳이 구차한 변명을 늘어놓으면 공대 출신인데다 엔지니어링 회사에 근무하면서 주식 공부를 하기 전에는 딱히 경제에 관심이 없었다. 그런 나에게 주식 책에서 쏟아지는 엄청난 경제 용어는 생소하기 그지없었다. 공대 마인드로 무장한 나에게 집채만한 파도처럼 끝없이 밀려드는 경제 지식은 불타오르던 나의 공부 열정을 순식간에 식혀버리기에 충분했다.

'리……디노미네이션? 이건 또 뭐니…… 하, 나 진짜 집에 있지만 집에 가고 싶다.'

주식 공부는 끝판왕을 분명히 깬 것 같은데, 계속해서 새로운 버전의 끝판왕이 나타나는 느낌이었다. 게다가 무엇보다 괴로웠던 이유는 이 공부가 나한테 어떤 실질적인 결실을 안겨줄지에 대한 확신이 없는 탓에 불안감이 계속 밀려왔기 때문이다. 공부 방향이 맞는지, 보고 있는 정보가 정확한지는 사실 100% 확신할 수 없었다. '올바른 방향'을 계속 강조했던 S언니의 말이 떠올랐지만 대체 그 '올바른 방향'이 지금 내가 가고 있는 방향이 맞는지 불확실했다. 그럴 때면 내가 괜한 시간 낭비만 하고 있는 것은 아닌지 불안해졌다.

'아, 괜히 주식 공부한다고 했나…… 그만둘까…….'

하지만 시간적 자유를 보장하고 정년도 없는 내 꿈같은 평생 직장을 포기하기에는 이미 너무 열심히 노력했다는 생각이 들었다. 여태 쏟아지는 잠을 참고 지새웠던 밤이 얼마나 많았던가! 고작 일면식도 없는 '리디노미네이션'의 뜻을 모른다는 이유로 포기할 수 없다는 생각이 들었다. 그래서 나는 다시 서점으로 달려갔다.

'이미 기본서 내용만으로도 충분히 골치가 아프니까 경제 용어는 좀 읽기 편한 책으로 찾아보자.'

나는 경제 용어를 알기 쉽게 설명해둔 『만화경제 상식사전』을 사서 만화를 보듯 가볍게 읽어나갔다. 고등학생 때 공부하듯 달달 외우지 않고 단어를 보았을 때 경제가 좋다는 뜻인지, 나쁘다는 뜻인지 정도는 알 수 있을 정도로만 공부했다.

주식을 공부하는 사람 중에 수많은 경제 용어를 필기해가며 열심히 외우는 경우를 종종 볼 수 있다. 주식을 업으로 하고 있는 나도 당연히 그런 용어를 멋지게 다 외우고 있을 것이라고 생각할 텐데, 사실 그렇지 않다. 솔직히 말해 외우려고 시도는 해보았다. 돌아서면 잊어버리는 통에 외울 수가 없었을 뿐. 이렇게 말하면 내가 너무 바보 같아 보일지는 몰라도 정말 사실이 그랬다. 하지만 그렇다고 단어 뜻을 정확히 외울 때까지 '책'만 공부하느라 소중한 시간을 매몰하고 싶지 않았다. 책으로 열심히 공부한 뒤 주식시장에 빨리 뛰어들어 체득하는 실전 경험도 쌓아야 했기 때문이다. 그렇다면 주식으로 매달 벌어먹고 산다는 나는 어느 정도로 경제 용어를 이해하고 있는 것일까?

예를 들어 신문을 보다가 "연준 연내 금리 인하하려면 블랙스완 필요"라는 헤드라인을 보았다고 치자. 블랙스완의 사전적 의미를 포털 사이트에서 찾아보면 '시사경제용어사전'에 "도저히 일어날 것 같지 않은 일이 일어나는 것을 얘기하는 것으로, 월가 투자전문가인 나심 니콜라스 탈레브가 그의 저서 『검은 백조(The black swan)』를 통해 서브프라임 모기지 사태를 예언하면서 두루 쓰이게 됐다"라고 나온다. 그리고 블랙스완의 세 가지 속성까지 설명해두었다. 누가 나에게 블랙스완의 뜻을 물어본다면 세 가지 속성까지 언급하며 정확히 대답할 수 있을까? 못 한다. 내가 만약 저 뉴스를 보았다면 '뭐, 되게 충격적인 현상이 있어야 금리 인하를 하겠다는 거구나(=그 전까지는 금리 인하를 적극적으로 생각하지 않는다)' 정도로 생각했을 것이다. '블랙스완'을 백조답지 않은 특이한 상태 정도로 이해하고 있기 때문이다. 나는 수많은 경제 용어에 대해 문맥상 좋은지, 나쁜지 정도로만 이해하고 있다. 하지만 여기서 중요한 점은 경제신문에 나오는 웬만한 경제 용어의 대략적인 의미를 알고 있는 정도로 경제 용어를 다양하게 보았다는 사실이다.

예를 하나 더 들어보자. '리디노미네이션'이라는 단어가 포함된 국제 뉴스를 본 적이 있다. "베네수엘라, '100만 대 1' 리디노미네이션 선언"이라는 제목의 기사였는데, 중남미 국가인 베네수엘라가 리디노미네이션(화폐 단위 변경)을 추진한다는 내용이었다. 포털 사이트에서 리디노미네이션의 사전적 의미를 검색해보면 다음과 같이 나온다. "화폐 단위를 변경하는 일. 거래 편의 제고, 통화의 대외적 위상, 인플레이션 기대 심리 억제, 지하 퇴장 자금의 양성화 촉진 가능성 등의 장점이 있다."

내가 거래 편의 제고, 통화의 대외적 위상 인플레이션 기대 심리 억제, 지하 퇴장 자금의 양성화 촉진에 대해 외우고 있을까? 전혀 아니다. 내가 베네수엘라에 대한 저 뉴스를 본다면 화폐 단위를 바꿀 것이고 그로 인해 **많은 변화**가 일어나리라고 예상할 것이다. 원래 변화가 일어나는 곳에는 투자 기회가 있기 마련이다. 물론 우리나라가 아니기에 투자 기회를 살피는 것은 아니지만 적어도 어떤 변화가 일어날지 검색해보아야겠다고는 생각할 것이다.

물론 경제 용어를 정확히 알고 실제 대화에서 유창하게 사용하는 사람도 많다. 나도 그런 사람들을 보면 참 전문적으로 보이고 멋지다는 생각을 한다. 하지만 나 정도로만 이해해도 주식투자를 하며 살아가는 데 큰 불편함은 없다. 그렇다고 경제 용어를 몰라도 된다는 말은 아니다. 정확한 의미를 외우는 데 너무 많은 시간을 투자할 필요가 없다는 의미로 이해하면 좋겠다. 정확히 외우지 않을 뿐이지 최소한 경제 기사를 볼 때 좋다는 내용인지, 나쁘다는 내용인지 대략적 의미는 불편함 없이 바로바로 이해할 수 있어야 한다. 경제 용어를 공부하는 큰 이유는 여러 기사를 짧은 시간에 많이 보면서 투자에 도움이 되는 정보를 빠르게 습득하는 데 도움이 되기 때문이다.

깨달음

빠른 정보 수집을 위해 경제 용어에 대한 이해가 꼭 필요하다.

얼마나 깊이 알아야 하나
—심화 공부

주식 기본서를 공부하고 경제 용어를 익히기 시작하면서 나는 혼란스러움을 느꼈다. 주식 공부가 정해진 정규과정이 없다 보니 얼만큼 공부해야 정도를 걷는 것인지 감이 잡히지 않았다. 책은 얼마나 보아야 충분한지, 책에 나오는 모든 내용을 '암기'해야 하는 것인지, 그냥 여러 번 읽어서 '이해'만 해도 되는 것인지 도통 감이 오지 않았다. 그래서 나는 더이상 혼란에 빠지지 않기 위해 주식 공부, 특히 경제 공부에 대해 얼마나 깊이 공부할지 기준을 정하기로 했다. 공부의 깊이를 정해두지 않으면 내 성격에 끝도 없이 파고들거나 외우느라 시간이 지연되어 이러지도 저러지도 못하는 상황에 봉착할 것이 뻔했기 때문이다. 그래서 나는 내가 경제를 공부하는 이유가 무엇인지 그 본질에 대해 곰곰이 생각해보았다.

'나는 경제학자가 되려는 것이 아니라 여러 채널을 통해 아이디어를 얻어 돈을 벌기 위해 공부한다.'

나의 결론이다. 나는 경제학자가 되려는 것이 아니다. 다만 경제 용어나 경제 지식을 알면 상황을 쉽고 빠르게 파악할 수 있기 때문에 정보를 얻으려고 공부하는 것이다. 그 목적이라면 읽었을 때 무슨 말을 하는지 이해하는 정도면 충분하겠다는 생각이 들었다. 일명 실용적 공부! 그래서 주식 기본서 이후의 공부를 할 때 넓고 다양하게 보기로 전략을 잡았다.

주식으로 월급을 벌면서 깨달은 사실 중 하나는 주식세계에서 정말 중요한 것은 실전에서의 빠른 적응이라는 점이다. 주식세계는 인간세상처럼 봄, 여름, 가을, 겨울 사계절이 있고, 또 그 계절 속에서도 등락이 있다. 게다가 개별 종목 내에서도 개별 종목마다 갖는 고유의 파동이 있다. 책으로 공부하는 지식적 깊이도 중요하지만 실전에서 몸으로 부딪히며 체득하는 생활의 지혜, 즉 흐름을 타는 방법을 익히는 것이 정말 중요하다. 그런데 책으로 하는 공부에만 너무 매몰되다보면 실전에서 주식시장의 흐름을 깨닫는 타이밍이 지연된다.

책으로 주식을 어느 정도 공부했으면 빨리 실전에 돌입해 주식시장에서 엎어터지며 직접 깨닫는 과정이 필요하다. 동시에 다양한 책과 매체로 정보를 수집하고 지식을 쌓아야 한다. 주식시장에 익숙해져 있어야 2020년 코로나19 하락장 같은 인생 일대의 기회가 왔을 때 큰돈을 넣어 많은 수익을 낼 수 있다. 주식시장에 적응하고 스스로를 통제할 수 있는 상황을 만든 뒤에는 투자금이 클수록 빠르게 많은 돈을 벌기 시작하기 때문이다. 그러므로 경제 용어나 그 밖의 주식 이론을 외우거나 너무 깊이 공부하느라 시간을 지나치게 소모하지 않게 통제할 필요가 있다.

깨달음

나는 경제학자가 되려는 것이 아니라 돈을 벌기 위해 공부한다. 즉 학문적 접근에 너무 매몰되지 말고 실용적 공부를 하자.

보이지 않는 손,
애증의 세력 공부

세력이란 우리나라 주식시장에서 무시할 수 없는 인위적인 힘, 큰손을 말한다. 우리나라 주식시장을 보면 일명 세력이라는 존재가 있다. 제대로 된 공부 없이 감과 카더라 소식통으로 투자하던 직장인 시절 나에게 -75%라는 엄청난 손실을 안겨다준 그분들 말이다. 나에게 세력은 비단 도박 같은 작전주를 쥐락펴락하는 어떤 공포스러운 집단만을 말하는 것이 아니라(나는 급등락이 심한 작전주 투자를 지양한다) 주가에 영향을 줄 수 있는 큰 자금을 가진 개인, 외국인, 기관 등 해당 종목의 주가를 움직일 수 있는 정보와 힘을 가졌다면 그 주체 모두를 '세력'이라 통칭한다.

우리나라 주식에 투자하려면 이 존재를 간과해서는 안 된다. 나 같은 피라미는 넘볼 수 없는 자금과 정보, 영향력을 지닌 대왕고래, 그들의 특성을 이해해보려는 노력을 기울이는 것이 수익률 향상에 큰 도움이 된다. 그래서 기본서를 어느 정도 공부하고 나서는 세력에 대해 다룬 책을 여러 권 읽어보기를 추천한다. 여기서 포인트는 기본서는 한두 권을 두 번 이상 꼼꼼하게 보는 방식이면 충분하지만 세력을 분석한 책은 최대한 다양하게 보는 편이 좋다.

어떤 주식 책을 보면 세력은 신경쓰지 말고 재무제표와 기업분석을 통한 적립식 '초장기' 가치투자만이 답이라고 하는 경우가 있다. 어느 정도 맞는 말이다. 그편이 속 편하고, 어떤 부분에서는 안전하다고 표현할 수도 있다. 하지만 내가 말하고 싶은 것은 **그것만이 유일한** 답이 아니라는 점이다. 나 역시 일부 종목은 초장기투자를 하고 있지만 앞서 언급한 장기투자를 하지 않는 이유에 대해서도 한 번쯤 진지하게 생각해볼 필요가 있다. 한 곳에 '많은 돈'을 '오랫동안' 투입하는 장기투자가 오히려 위험한 경우도 많기 때문이다. 세력이 있어 우리나라 주식이 별로라고 하는 사람들도 있지만 나는 세력이 있기에 우리나라 주식이 좋다. 그리고 장기투자에도 세력과 수급을 읽는 능력은 큰 도움이 된다.

혹자는 세력을 이기는 것이 시간(장기투자)이라고 말하지만 솔직히 나는 굳이 세력을 이기고 싶지 않다. 이 조그마한 피라미는 대왕고래를 이기기보다 차라리 그 등에 올라타서 빠르게 원하는 목적지까지 가고 싶다. 세력이 움직이면 인기가 만들어지고 주가가 오르기 때문이다. 시간은 나에게 너무나 소중하다. 그래서 나는 세력에 맞서지 않고 눈치껏 협조해 소중한 시간을 조금이라도 아끼는 전략을 짜기로 했다.

사실 세력이라는 단어가 들어간 책을 주로 읽게 된 시기는 다른 주식 책들을 꽤 공부한 이후였다. 과거 나는 세력을 이해하지 못하고 기업의 가치만으로 투자했더니 효율이 떨어졌다. 비슷한 조건의 다른 종목(아니 심지어 내 눈에는 더 별 볼 일 없는 종목)이 강력한 매수 주체를 등에 업고 급등하는 모습을 보며 왜 내가 선택한 우수한 기업은 사람들의 주목을 받지 못하는지 속앓이를 하는 일이 잦았다. 아무리 조건이 좋아도 대중의 관심과 인기를 끌지 못하면 주가는 힘을 받지 못했다. 그리고 그 관심은 어떤 강력한 매수 주체로 인해 촉발되는 경우가 잦았다.

그렇게 나는 서점 도서 검색대에서 세력이라는 단어를 검색해 나오는 책들을 하나하나 공부하기 시작했다. 우수한 기업이면서도 힘 있는 '세력'이 관심을 갖는 종목을 사기 위해서 말이다. 세력 책은 기본서와는 다르게 많이 볼수록 여러 사람의 다양한 분석을 배울 수 있어 더 유리하므로 특정 책을 추천하지는 않겠다. 사람들의 여러 주장을 흡수해 그대로 따라하기보다 그들의 주장을 바탕으로 나만의 세력을 정의하는 모델을 강화하는 것이 실전투자에서 큰 무기가 된다.

여러 책을 읽다보면 나와 비슷한 성향의 저자들을 만나곤 한다. 나는 나와 비슷한 스타일의 저자들의 아이디어를 노트에 하나둘 필기하기 시작했다. 주식은 사실 사람 대 사람 간의 심리전이기에 투자방법 역시 사람마다 조금씩 다를 수밖에 없다. 그것은 성향적 강점에 따라 달라질 텐데, 요즘 한창 유행하는 MBTI를 보면 INFJ는 같은 INFJ를 잘 이해하고 ESTP는 같은 ESTP를 잘 이해하는 것과 비슷한 맥락이다. 그런 의미에서 자신과 비슷한 부분이 '잘 보이는' 저자의 분석을 기록해두고 접목해 나만의 방법으로 업그레이드하는 작업이 필요하다.

앞에서 '보인다'라는 표현을 자주 언급했다. 도대체 무엇이 잘 보인다는 것일까? 나는 국내 주식의 경우 특정 매수 주체가 의도를 갖고 매수하는 것이 보이는 종목 + 재무가 안전하고 + 사양 산업이 아닌 산업(이왕이면 성장 산업) + 개미들이 동요하고 있는 종목을 매수하는 편이다. 내가 말하는 '잘 보인다'는 뜻은 제법 큰 어떤 주체가 의도적으로 계속 매수하고 있거나 의도적으로 계속 내리누르고 있는, 자연적이지 않은 움직임이 눈에 보이는 종목을 말한다. 누군가의 의도가 내 눈에 읽히는 종목 말이다. 사람마다 보이는 부분이 다른데, 나의 경우는 다음과 같은 상황을 좋아한다.

〈그림 6〉의 ○○○ 종목이 실제 19.30% 오를 당시 거래원의 모습이다. 일부러 약속이라도 한 듯 매도 상위와 매수 상위가 사이

그림 6

주문
000000 건설 KOSDAQ
5,470
▲ 885
19.30%
시 5,280 고 5,790 저 5,270
40 % 신용가능 대출 50 % (D)130%
거래량 4,994,119
(전일) (970,091)
시세 뉴스 토론실 거래원 기업/재무
증감 매도상위 매수상위 증감
252,855 2,582,470 키움증권 키움증권 2,755,680 243,117
46,313 403,194 미래에셋증권 미래에셋증권 380,294 40,718
23,944 378,245 NH투자 NH투자 377,697 35,065
14,713 190,929 삼성증권 삼성증권 206,142 19,456
16,286 184,986 KB증권 KB증권 182,056 29,020
외국계합
0

그림 7

주문
000000 통신장비 KOSDAQ
2,360
▼ 85
-3.48%
시 2,420 고 2,470 저 2,355
40 % 신용가능 대출 50 % (D)130%
거래량 48,252
(전일) (37,238)
HOME 호가 차트 시세 뉴스 토론실
일 주 월 년 분 틱
-5 -20 -60 -120
64
5,900 (21.04.05) -60.00%
5,500
5,000
4,500
4,000
2,360
-3.48%
3,605 (21.02.01) -34.54%
12.30 02.01 03.05 04.05
거래량
19,462K
10,000K

좋게 같은 회사인 것이 신기하다. 정말 자연스럽지 않은 모습 아닌가? 그리고 2021년 초 내가 실제로 매매했던 〈그림 7〉의 △△△ 종목의 그래프를 보자. 자금이 부족한 개인들이 저런 피뢰침을 반복적으로 쏘는 그래프를 계속해서 만들어낼 수 있을까? 힘(자금)과 의도가 충분한 누군가의 개입이 없다면 힘들다고 생각한다. 이런 내용은 섹션 3에서 본격적으로 살펴볼 것이다. 여기서는 내가 말하는 '잘 보인다'라는 의미가 어떤 것인지 대략적이나마 이해하고 넘어가기를 바란다.

▶ 잘 보인다 = 인위적인 행위가 내 눈에 보인다.

깨달음

국내 주식으로 반찬값이 아니라 월급을 벌려면 결국 세력을 공부해야 한다.

경제방송을 보는 이유

나는 책으로 주식과 경제에 대해 공부하면서 틈나는 대로 경제방송을 틀어놓았다. 경제방송 추천 종목을 매수하려고 틀어둔 것이 아니라 주식세계에 익숙해지려고 틈날 때마다 라디오처럼 틀어두고 생활했다. 듣다가 모르는 경제 용어가 나오면 바로바로 찾아보았다. 그리고 금융권 전문가들이나 유명한 투자전문가들이 나와서 앞으로의 시장 상황이나 경제 전반에 대해 나누는 의견을 들으며 그들이 어떤 근거로 그런 주장을 펼치는지 익혀 나갔다.

처음에는 무슨 말인지도 모르겠고 지루하기만 했는데, 계속 틀어두고 집안일을 하거나 마스크팩도 하나 얼굴에 붙여보고, 라면도 끓여 먹으며 듣다보니 점점 그들의 색깔에 익숙해져갔다. 그렇게 몇 달간 계속해서 내 귀를 경제방송에 노출시켰더니 뉴스가 다르게 들리기 시작했다. 딴 세상 이야기 같던 경상수지 흑자, 적자, 세금 이슈 등 모든 것이 귀에 들어오기 시작했다. 예능이나 재미있는 드라마를 보던 시간에 습관적으로 뉴스를 보기 시작했다. 그렇게 나에게 제법 투자자의 색채가 배기 시작했다.

깨달음

추천해주는 주식을 사려고 경제방송을 보는 것이 아니다. 그들과 그들을 따르는 개인투자자의 생각 상태를 이해하기 위해 경제방송을 켜둔다.

급하게 박학다식해지기

주식 책을 공부하면서 점점 본격적으로 경제의 전반적인 흐름을 이해하고 더 발전시켜 돈의 흐름이 어디로 흘러가고 있는지를 이해할 수 있어야 한다. 전업투자자로 월급을 벌면서 살아가기 위해 갖추어야 할 가장 중요한 기술 두 가지를 꼽으라면 나는 지체 없이 시야 넓히기(통찰력 키우기)와 마인드 컨트롤이라고 말할 것이다. 그만큼 주식투자에서 정말 중요하다. 그런데 안타깝게도 많은 초보투자자가 이 부분을 간과한다. 대부분 처음에 잠시 경제신문을 구독하거나 재테크 도서 몇 권을 읽고 충분히 시야를 넓혔다고 생각한다. 또한 경제방송의 전문가 추천 코너를 보고 그들의 추천주에 관심을 갖는 것이 투자 시야를 넓히는 행위라고 생각한다. 과거의 나 역시 그랬다. 하지만 그렇게 투자하면 할수록 알 수 없는 벽에 부딪히기 일쑤였다.

돌이켜 생각해보면 나같이 평범한 사람의 시야는 그 정도의 노력으로는 결코 원하는 만큼 확장되지 않았다. 쏟아지는 수많은 그럴싸한 정보 중에 무엇이 진짜 수익을 안겨줄 정보인지 구분하는 능력을 가지려면 더 많이, 다양하면서도 빠르게 읽고 받아들여야 한다. 이렇게 이야기하면 무언가 굉장히 거창한데, 이 부분만큼 단순, 무식하게 밀어붙이기만 하면 되는 것도 없다. 그러므로 지금부터 독하게 마음먹고 한번 해보자. 도대체 어떻게, 무엇을 많이 빠르게 읽어야 할까?

포털 사이트 뉴스 스탠드로 단기간에 시야 넓히기

주식투자를 처음 시작하면 경제에 대한 이해, 투자시장에 대한 이해, 즉 세상에 대한 이해가 부족하다. 투자에서 정말 중요한 능력은 '통찰력'인데, 그 통찰력을 키우려면 기본적으로 세상에 대한 폭넓은 이해가 필요하다. 물론 처음부터 다양한 경험과 지식으로 무장한 박식한 사람들은 이렇게까지 할 필요는 없다. 하지만 적어도 나의 경우는 빠르게 시야를 넓히기 위해 단기간에 강제로 머릿속에 많은 것을 주입해야만 했다. 그중 획기적일 만큼 도움이 되었던 방법은 매일 포털 사이트 뉴스 스탠드의 전체 언론사 신문을 '다 읽는 것'이었다. 신문을 '다 읽어야 한다'라고 하면 "응. 나는 이미 XX경제신문 구독중이고, 원래 뉴스 자주 챙겨보니까 패스~"라며 대충 듣고 넘겨버리는 사람이 많다. 주식을 공부한다면 적어도 경제신문 하나는 챙겨볼 테고, 평

그림 8

소에도 뉴스와 신문을 즐겨본다면 더더욱 신문을 '다' 본다는 나의 말이 귀찮고 필요 없다고 느껴질 만도 하다. 하지만 그 정도는 사실 주식을 한다는 사람들, 심지어 주식 입문자조차 웬만하면 하는 것임을 간과해서는 안 된다. 과거의 나도 그렇게 했었는데, 경제신문과 뉴스 정도로는 꾸준한 수익을 내는 판단력을 갖는 데 충분하지 않았다.

내가 신문을 다 보라고 말하는 이유는 비단 정보 수집만을 위해서가 아니다. 동일한 정보를 사람에 따라, 소속에 따라 어떻게 다양한 시각으로 바라보는지를 분석하며 하나의 사건에 대한 사람들의 생각과 반응의 차이를 이해해보라는 의미다. 여러 종류의 신문을 다 볼수록 어떤 사건이 터졌을 때 다양한 사람과 집단의 반응을 폭넓게 살필 수 있다.

〈그림 8〉과 같이 포털 사이트 홈페이지에 들어가면 다양한 매체의 기사들을 볼 수 있다. 신문사 이름 위에 마우스를 올리면

구독/기사보기가 뜨는데, 기사보기를 클릭한다. 그러면 상세 페이지가 나온다. 여기에 나와 있는 기사를 다 읽는 것이다. 다 읽고 나면 옆으로 넘기는 화살표를 눌러 다른 매체의 기사를 모두 읽는다. 이렇게 뉴스 스탠드에 나와 있는 모든 신문사 기사를 읽는다. 물론 읽다보면 읽을 필요가 없는 기사들도 있다. 예를 들어 모 연예인의 이혼 기사나 스포츠계 가십 등은 본인이 알아서 거르고 나머지 신문사의 기사들을 다 읽는다. 하지만 나는 초기에 모 연예인의 이혼 기사 같은 연예계 가십들도 전부 읽었다. 혹시나 엔터주에 영향을 줄까 싶어서 말이다.

처음에는 전체 신문사를 다 보려면 몇 시간이 걸릴 것이다. 하지만 힘들어도 '매일매일' 이 작업을 반복한다. 그리고 투자 가치가 있어 보이는 기업이나 정보가 있으면 관련 기사를 좀더 찾아보고 '정보 노트'에 기록해둔다. 남편 출근 후 오전 내내 신문을 붙잡고 읽던 기억이 아직도 생생하다. 직장생활을 하며 얻은 허리디스크 때문에 오래 앉아 있지 못하는 나는 잠깐 의자에 앉았다가 서서 읽었다가 거실 한 바퀴를 돌고 다시 와서 힘들게 읽었다. 가끔은 너무 지겨워서 짜증이 나기도 했는데, 허리 통증을 참아가며 몇 시간씩 신문들을 보면서 내가 이 모든 글을 읽는 것이 정말 도움이 되는가에 대한 회의감이 들었기 때문이다.

그렇게 지겹고 하기 싫은 일이었지만 꾸준히 계속해서 읽다보니 어느덧 이미 '읽은' 기사들이 생기고 전날과 중복되는 기사는 제외하며 소요시간이 확연히 줄어들었다. 또한 처음에 읽었을 때는 단어 뜻을 찾느라 시간이 조금 걸렸는데, 갈수록 무슨 뜻인지 대충 알게 된 단어가 늘어나면서 소요시간이 획기적으로 단축되었다. 그러면서 읽지 않아도 되는 기사들이 늘어나고, 나중에는 경제 흐름을 이해하고 있는 것 같다는 자신감이 들기 시작했다.

나는 웬만해서는 주위에 주식투자 공부법을 알려주지 않는다. 다들 생각보다 쉽게 접근하는 것이 주식이지만 도박이 되지 않게 하려면 초기에 정말 피나는 노력으로 기본을 다지는 작업이 필수적이기 때문이다. 하지만 정말 몇몇 지인의 성화에 주식투자 공부법을 알려주어도 대부분 이 포털 사이트 뉴스 스탠드의 모든 신문 다 읽기 단계에서 포기하는 것을 심심치 않게 보았다. 제대로 된 공부 없이 덜컥 시작하는 주식은 뼈아픈 실패를 안겨줄 가능성이 높은데, 본인이 공부하지 않고 시작해놓고 나를 원망한다.

그래서 요즘에는 주식투자 공부법을 딱히 알려주지 않는다. 매일매일 지겨운 신문을, 심지어 읽을 가치가 딱히 없어 보이는 기사까지 참고 다 읽기란 정말 쉽지 않은 일인 것은 맞다. 하지만 '억지로 참고' 최대한 많은 정보를 읽어들이는 연습을 하기에는 정말 좋은 방식이다. '억지로 참고 많이 읽기'가 익숙해지면 기사뿐 아니라 흥미 없는 분야의 전문 서적이나 심지어 방문한 은행 창구의 안내 책자까지 습관적으로 빠르고 다양하게 읽게 된다. 그리고 그렇게 얻은 읽기 기술과 정보는 투자하는 데 필요한 통찰력의 커다란 밑거름이 된다.

직장생활을 하지 않고 손가락 클릭으로 꾸준히 돈 버는 주식 월급쟁이의 길로 가려면 반드시 이 단계를 넘어서야만 한다. 통찰력을 갖추지 않고 주식세계에 들어서면 한두 번의 행운은 있을 수 있어도 꾸준한 수익을 얻기는 힘들다. 그나마 위안이 되는 점은 매일매일 모든 신문 다 읽기를 평생 할 필요는 없다는 것이다. 시야가 충분히 넓어지면 이렇게까지 하지 않아도 된다. 초반에는 스파르타식으로 단기간에 시야를 넓히는 단계이기에 일시적 고통이 따를 뿐이다. 지겹고 고통스러울수록 나의 시야가 빠르게 확장되고 있다는 사실에 뿌듯함을 느끼면 좋겠다.

그럼 언제쯤 매일 강제적 신문 읽기를 멈추어도 될까? 가족이나 지인들이 "그 기사 봤어?" "그 투자처 요즘 핫하다던데 들어봤어?" 하고 물을 때 **여러 뉘앙스**의 기사들로 이미 내가 알고 있는 상태가 온다. 그리고 지인들의 어투에서 어떤 견해로 특정 현상을 바라보고 있는지, 그 현상의 결과를 어떻게 바라보고 있는지도 느낄 수 있게 된다. 그때는 강제적으로 뉴스 다 읽기를 하지 않아도 된다.

앞서 언급했듯이 주식투자에서 통찰력은 정말 중요하다. 통찰력이 원래 뛰어난 사람도 있겠지만 지금 당장 통찰력이 없다고 해도 낙담할 필요는 없다. 감사하게도 후천적으로 다양한 분야의 글을 많이 읽음으로써 통찰력을 얻을 수 있기 때문이다. 흔히 자기계발서나 부자들의 특징을 써둔 글을 보면 부자들이 다양한 글과 책을 끊임없이 읽는다는 부분을 심심치 않게 볼 것이다. 그 이유가 여기에 있다. 미래의 흐름을 읽고 투자해서 돈을 벌려면 남들보다 통찰력이 뛰어나야 한다. 미래의 산업이 어떻게 변할지, 사람들이 어디로 움직일지 미리 예측해 그 길목에 먼저 가 있어야 한다. 아무리 주식 이론 공부를 잘 했어도 통찰력이 부족하면 주식으로 롱런하기 힘들다. 그러므로 시간 때우기용 유튜브나 SNS를 보는 시간에 신의 직장을 유지할 수 있는 좀더 생산적인 것을 보도록 하자. 평생 이렇게 지낼 필요는 없지만 시야를 넓히기 위해서 한동안만이라도 습관적으로 보는 채널과는 작별을 고하자.

그 밖의 시야를 넓히는 나만의 Tool

- 기본기를 다지는 시기에는 주식 공부 도서와는 별개로 재테크, 자기계발, 부에 관한 책, 다양한 분야의 상식을 다루는 책, 마인드를 강하게 하는 책 등을 최대한 많이 읽었다.
- 다양한 분야를 다룬 다큐멘터리 : ebs, 유튜브 채널에 많다 (다큐, 교양, 과학, 경제).
- KBS 다큐멘터리 : 공중파 방송에서 가끔씩 하는 다큐멘터리는 아무리 관심 없는 분야라도 끝까지 시청한다.
- 〈포브스 코리아〉 : 관심 없는 산업이라도 끝까지 읽는다.
- 경제tv의 종목 추천 코너가 아닌 전문가들의 현 경제 상황 분석 및 향후 경제 상황 예측 코너

- 이코노미스트에서 매년 발간하는 『세계대전망』 : 연초에 그해 투자의 큰 방향성을 잡는 데 도움이 된다.
- 네이버 가치투자연구소 카페 : 투자에 진지하게 임하는 개인투자자들의 현재 분위기를 엿볼 수 있다.
- 경제/재테크 유튜브 방송 : 사실 자주 보는 방송을 정해놓기보다는 알고리즘이 추천해주는 경제 유튜브 방송 중 유용해 보이는 방송은 다 본다. 종목 추천은 참고하지 않는다. 세계정세나 향후 경제의 방향성 예측, 투자전문가들의 여러 의견, 정치권의 이슈 같은 것을 주로 본다.
- 행동 심리 유튜브 방송 : 행동 심리, 인간 본성에 대해 간단하게 알려주는 유튜브 방송을 검색해서 보기도 하고 알고리즘 추천으로 임의대로 많이 본다.
- 보수, 진보 방송사/신문사 뉴스 '양쪽 다' 보기 : 언론사마다 어느 정도의 색채가 있다. 정보의 균형을 맞추기 위해서는 보수, 진보 뉴스를 다 보아야 한다. 자신의 정치색과 관계없이 둘 다 보면서 같은 상황을 어떻게 다르게 묘사하는지 비교해보기를 바란다.

어떤가? 남들이 수년에 걸쳐 차곡차곡 쌓은 지식을 단기간에 따라잡고 또 쌓아올려 통찰력을 키우려면 말 그대로 글과 정보에 파묻혀서 지내는 기간을 보내야만 한다. 특히 몸은 다른 일을 하면서 정보를 들을 수 있는 유튜브 같은 것은 거의 잠잘 때 빼

고는 계속해서 보고 듣는다. 핵심은 다양하게, 최대한 많이, 좌우 치우치지 않고, 원하지 않는 의견도 참고 보아야 한다는 점이다. 그렇게 빠르게 정보를 수집하다보면 어느 순간 생각의 폭이 넓어지는 것을 스스로 느낄 수 있을 것이다. 나아가 '사실'에 '사견'이 어떻게 녹아들어가는지, '사실'이 '의도 섞인 광고'로 어떻게 재생산되는지 파악할 수 있는 것은 물론이다. 같은 내용을 제각각 다르게 표현해놓은 많은 글을 보면서 자기도 모르게 터득했기 때문이다. 그렇게 1, 2년만 지나면 완전히 달라진 자신을 만나게 된다.

깨달음

홀린 듯 읽고 보고 또 읽어라. 경제학자가 될 필요는 없지만 '정보'로 '돈'을 벌려면 말이다.

부자들은 왜 운이 좋을까?

“우와, 그게 됐다고? 역시 언니는 운이 좋아. 역시 될놈될이네~”

“언니 같은 편한 팔자가 어디 있어~ 늘 감사하면서 살아~”

“언니, 내가 요즘 XX를 해볼까 하는데, 언니 생각은 어때? 언니 생각이 궁금해서.”

친한 동생들과 요즘 사는 이야기를 하다가 동생들이 나를 ‘운이 좋은’ 사람이라 말하는 소리를 듣고 깜짝 놀랐다.

‘내가…… 운이 좋은 사람이라고?’

예상치 못한 후한 평가에 나도 모르게 웃음이 터져나왔다. 그도 그럴 것이 불과 몇 년 전만 해도 나는 스스로를 정말 운이 나쁜 사람이라고 생각했기 때문이다. 돌이켜보면 과거의 나는 왜 그렇게 사는 것이 힘들었는지 모르겠다. 지금 생각해보면 감사한 일도 많았고 고마운 사람들도 정말 많았는데, 당시에는 사는 것이 팍팍하고 힘들었다. 일하랴, 살아가랴, 돈 모으랴, 미래 걱

정하랴, 게다가 친구관계, 직장 동료관계, 연인관계, 가족관계, 심지어 몸이 약한 편이라 자주 아팠다. 신경쓰이고, 스트레스받을 일이 한두 가지가 아니었다. 어찌 보면 정말 평범한 일상이었는데, 그 안에서 나는 하루하루 전쟁을 겪는 것 같았다.

그런 내 삶이 재테크와 주식 공부를 열심히 하면서부터 급격히 달라지기 시작했다. 비단 금전적 변화만을 말하는 것이 아니라 말 그대로 운이 좋은 사람처럼 보이기 시작했다. 나를 아는 지인들은 내 삶의 변화를 바로 옆에서 지켜본 산증인들이다. 그들은 나를 보면서 한 인간의 삶과 운, 인생이 노력하면 바뀔 수 있다는 것을 실제로 목격했다. 그래서 지금 내가 써 내려가는 글이 진심을 담아 말하는 것임을 누구보다도 잘 알 터다.

내 삶의 변화는 몇 년 전 한창 열심히 재테크 공부를 열심히 하던 때 시작되었다.

나 : 요즘 XX아파트가 분양한다는데, 진짜 돈 되겠더라. 봤어? 나도 그 아파트 청약 넣어볼까 해. 운 좋게 되면 진짜 대박이겠다.

친구 A : 음, 왜 그 아파트가 돈이 될 것 같아? 내 생각엔 YY에 투자하는 게 훨씬 수익률이 좋을 것 같은데?

당시 재테크에 조금씩 눈을 뜨기 시작하면서 친구들과 만날 때면 어김없이 돈 이야기, 투자 이야기에 열을 올리게 되었다.

나름 주식 공부, 경제 공부를 열심히 하고 있던 터라 투자 이야기가 나올 때면 신이 나서 열정적으로 대화에 참여했는데, 지인들과 반복적으로 그런 대화들을 나누다보니 신기한 현상을 발견했다. 나와 돈이 많은 친구들 사이에 '좋다'고 여기는 투자처가 달랐던 점이다.

나 : 제가 신문에서 읽었는데, 앞으로 XX 쪽이 유망할 것 같아요. 그래서 XXXX에 투자해볼까 해요.

지인 B : 그래, 앞으로 XX 쪽이 많이 발전하긴 하겠더라. 그런데 ZZ 쪽이 훨씬 돈이 될 것 같기도 하던데? ZZ 쪽에 괜찮은 기업 한번 찾아보는 것도 좋을 듯해.

처음에는 그냥 개개인의 성향 차이라고 생각했는데, 계속해서 비슷한 대화를 하다보니 '돈이 많은' 사람과 나 같은 보통 사람은 생각하고 결정하는 방식이 조금 다른 것 같다고 느꼈다. 심지어 내가 나름 경제와 재테크 공부를 하고 있는데도 부자들과는 생각하는 방식이 미묘하게 달랐다. 그들은 나와 같은 선택지를 놓고도 조금 다른 결정을 내렸다. 그리고 대체로 그들의 결정이 더 좋은 결과를 냈다.

투자할 수 있는 돈의 크기가 달라서 그럴 것이라고 생각하는 사람도 있겠지만 부자들과 이런 대화를 할 기회가 종종 있었던 사람이라면 나와 비슷한 생각을 한 경우가 적지 않을 것이다. 그들은 생각하는 것이 조금 다르다.

비단 투자 마인드뿐 아니라 인생에서 중요한 결정을 해야 하는 상황에서도 그들은 나와는 다른 선택을 하는 경우를 종종 보았다. 그들과 나의 선택 차이와 입장에서 약간은 씁쓸한 결과 차이를 지켜보며 내가 아무리 주식 이론 공부를 열심히 해도, 열심히 시사 상식을 쌓아도 내가 계속해서 가난을 선택하는 생각에 머물러 있다면 넘치는 정보의 바다에서 진정한 부를 가져다줄 만한 정보를 선별하기 힘들 것이라는 사실을 깨닫게 되었다.

주식은 앞으로 돈이 쏠릴 곳에 투자하는 것이다. 그렇다면 그들처럼 부를 선택하는 능력이 필수적이지 않을까? 주식투자의 성공에 다양한 지식과 기술도 중요하지만 기본적으로 부에 대한 '감'과 '이해'가 있어야 함을 절실히 깨달았다.

그렇다면 부자들이 누리는 부는 어디에서 올까? 열심히 일하면 부가 오는 것일까? 주변을 둘러보면 성실하게 일하지 않는 사람이 없다. 오히려 보통 사람들이 부유한 사람보다 더 부지런히 사는 듯하다. 그런데 왜 모두 부자가 되지 못할까? 안타깝게도 부는 성실하다고 무조건 얻게 되는 것이 아닌 듯싶었다.

"감사하게도 운이 정말 좋았어."

성공한 사람들은 유독 자신의 성공에 대해 '운이 좋았다'라고 했다. 내 주변의 성공한 사람들뿐 아니라 성공한 분들의 인터뷰를 보아도 그들은 마치 약속이라도 한 듯 감사하게도 운이 좋았다는 표현을 자주 했다. 처음에는 겸손함의 표현이라고 생각했는데, 실제로 내가 보기에도 참 그들은 운이 좋아 보였다. 마치 하늘이 도와주듯 척척 일이 풀리는 것을 종종 보았다.

운이라……. 어째서 성공한 사람들은 운이 좋을까? 처음에는 "에효, 네~ 운 좋아서 좋으시겠습니다"라며 단순하면서도 냉소적으로 받아들였다. 그런데 문득 이런 의문이 들었다. 운이 좋은 사람과 나쁜 사람 간의 차이는 무엇일까? 개개인의 운은 정말 이미 정해져 있는 것인가? 사람의 성공과 실패는 엄밀히 따지고 보면 '선택'의 결과물인데, 내가 운 좋은 사람들과 매 순간 같은 선택을 한다면 나도 운 좋은 사람인 것인가? 그렇다면 선택방법만 그들과 똑같이 한다면 운을 좋게 바꿀 수 있다는 뜻이란 말인가?

그들과 나, 우리 모두 같은 인간이기는 매한가지인데, 왜 미묘하게 다른 선택을 할까? 이런 의문이 들었다. 그리고 운 좋은 사람들에 대한 색안경을 벗고 그들을 유심히 관찰했다. 먼저 그들이 생각하는 방식과 반복적인 행동양식이 좋은 결과를 만들어내는 것 같았다. 여기서 말하는 좋은 결과란 '운'이라고 볼 수 있다. 그들을 관찰해보면 태평하면서도 집요했고, 긍정적이면서 열정적이었다. 대범하면서도 보수적이었고, 온화하면서도 냉철했다. 그리고 가장 중요한 것, 생각을 행동으로 옮기는 강한 실행력이 있었다.

나는 그런 행동을 하게 만드는 사고방식, 부자들의 가치관을 좀더 자세하고 정확히 알고 싶었다. 하지만 안타깝게도 나는 지극히 평범한 사람이었다. 근면, 성실을 최고의 미덕으로 배우며 자랐고 안전을 추구하는 것이 인생을 대하는 현명한 태도라고 배웠다. 그래서 가장 안정적인 직장을 구하고, 투자는 위험하니까 알뜰살뜰 아끼며 0.1%라도 더 높은 이자를 주는 은행을 찾아 부지런히 적금을 부어 목돈을 만들었다. 또 그렇게 차곡차곡 모은 돈으로 아파트 대출금을 갚고, 아이들 학비를 마련하고, '빚 없는' 내 집 한 채 마련을 최고의 성취로 여기는 그런 안정적이고 예측 가능한 삶을 살아가는 것이 당연하다고 여기는 사람이었다. 나에게 도전은 불안한 것이었고 불안한 것은 나를 두려움에 떨게 만들었다. 두려울 바에는 시도하지 않고, 차라리 일상의 불편함을 감수하는 안정성을 택하는 편이 맞다고 생각했다. 그런 내가 어떻게 그들을 100% 이해할 수 있겠는가.

"왜 그렇게 생각해?"

부자 친구들은 안정성에 집착하며 불편을 감수하는 나의 이런 삶의 태도를 이해하지 못했다. 불편하면 바꾸면 되는데, 억지로 참고 있는 모습을 안타까워했다. 늘 머릿속으로는 멋진 아이디어를 가득 떠올리며 살지만 절대 행동에 옮기지 않는 소심함을 답답해했고, 작은 일에도 일희일비하며 외부 자극에 바로 반응하는 병아리 같은 감정선을 보며 어린아이 같다고 여겼다.

문제는 이런 생각의 차이가 투자에도 고스란히 녹아들어 영향을 미친다는 점이었다. 나는 너무 평범하게 사고하고 투자했다. 나는 그들처럼 생각을 바꾸어야 했다. 주식에서 성공하려면 그들처럼 투자하고 그들과 같은 결과를 내야 하니 말이다. 그런 이유로 주식 공부를 하면서 틈틈이 돈, 부, 운, 자기계발서를 함께 읽었다. 특히 운에 관한 책을 정말 많이 읽었는데, 운 관리에 관해서는 책 한 권을 쓸 수 있을 만큼 깨달은 점이 많다.

수많은 책을 읽고 직접 실천에 옮기면서 내린 결론은 믿기지 않겠지만 웬만한 사람들의 운은 노력하면 좋아질 수 있다는 것이다. 그리고 운이 도와주는 사람들은 결국 자신이 원하는 삶을 누리며 살 확률이 높아지고 그것이 바로 부자들이 일명 될놈될('될 놈은 무엇을 해도 된다'의 줄임말)이 많은 이유다. 하지만 그 좋은 운을 감사히 여기지 않으면 금세 운이 쇠해 그 사람의 행운과 행복을 갖고 홀연히 사라져버리기도 한다. 그러므로 부자가 되었다고, 단기간에 큰돈을 벌었다고 자만하거나 과시하면 안 된다. 운을 관리하는 것은 가능하지만 생각보다 미묘하고 섬세하다. 그래서 많은 책을 읽고 깨닫는 것이 좋다. 하지만 내가 깨달은 결론의 핵심만 공유하면 다음과 같다.

좋은 운을 끌어당기는 아홉 가지 마음가짐

- 긍정적이고
- 항상 감사해하며
- 적극적으로 임하고
- 세상에 도움이 되는 선의의, 선명한 목표를 가지며
- 어떤 혼란이 와도 흔들림 없이
- 포기하지 않고 끈기 있게 버티며

- 겸손하고
- 조바심을 내지 않으며
- 자신의 가능성을 스스로 한정하지 않는다.

나는 책들을 읽으며 스스로에게 최면을 걸어 운 좋은 사람처럼, 부자처럼 생각하고 행동하려고 부단히 연습했다.

많은 사람이 주식을 시작하면서 열심히 주식 공부를 한다. 주식 책을 읽고, 경제신문을 구독하고, 주식 카페에 가입해 스터디 모임까지 하면서 열정적으로 공부한다. 하지만 한 가지 더 반드시 공부해야 하는 분야가 있는데, '부'와 '운'에 관한 것이다. 안타깝게도 많은 이가 이 부분을 간과한다.

실제로 주식을 공부하고 투자를 하다보면 매수할 종목을 선정할 때 거의 비슷한 조건의 몇 가지 종목이 최종 매수 후보에 오르는 경우가 있다. 자금이 넉넉해 그 모든 후보를 다 매수하면 좋겠지만 자금은 한정되어 있다. 그 한정된 자금으로 뽑아둔 후보들 중 단 몇 종목만 매수할 수 있다. 그때 부를 선택하는 능력이, 당신의 운이 성패를 가른다고 믿는다.

그뿐 아니라 항상 성공만 할 수 없는 주식세계에서 작은 실패 이후에 실패에 대처하는 바른 태도가 재기 가능성을 결정짓는다고 믿어 의심치 않는다. 정말 좋은 종목이라 판단해 희망에 차 매수했으나 마지막까지 매수를 고민하다 사지 않았던 다른 종목이 급등에 급등을 거듭하고 내가 매수한 종목은 오히려 하락하는 것을 씁쓸히 지켜보아야 하는 때가 생긴다. 그때가 운 관리를 할 절호의 기회라고 생각하자.

'나의 안목은 왜 이럴까'라는 자괴감에 빠지기보다 적극적으로 운 관리를 해보기 바란다. 방법은 어렵지 않다. 주식 거래창을 끄고 내가 정말 좋아하는 책, 내가 추천하는 부, 돈, 운, 자기관리에 관한 책을 들고 동네 카페에 가서 치유의 시간을 갖는 것이다. 읽어보고 가슴에 새기고 행동에 옮기면 된다.

『결국 당신은 이길 것이다』(나폴레온 힐, 흐름출판)

『더 해빙』(이서윤·홍주연, 수오서재)

『데일 카네기 자기관리론』(데일 카네기, 베이직북스)

『돈의 속성』(김승호, 스노우폭스북스)

『멘탈의 연금술』(보도 섀퍼, 토네이도)

『부의 본능』(브라운스톤, 토트)

『부의 인문학』(브라운스톤, 오픈마인드)

『부의 추월차선』(엠제이 드마코, 토트)

『부자가 되는 과학적 방법』(월러스 워틀스, 이담북스)

『부자는 타고나는 것이 아니라, 만들어진다』(나폴레온 힐, 빛과향기)

『아비투스』(도리스 메르틴, 다산초당)

『오래된 비밀』(이서윤, 이다미디어)

『지중해 부자』(박종기, 알에이치코리아)

나 역시 감정 조절이 익숙하지 않을 때는 고뇌와 감정적 소용돌이에 쉽게 휘말렸다. 그때 그 자리에 그대로 앉아 감정의 무덤에 파묻혀 좌절하고 자책도 해보고, 아니면 부와 운, 자기관리에 대한 책을 들고 카페로 가 적극적으로 운 관리를 하며 기분 전환을 시도해보기도 했다. 나에게는 후자의 방법이 훨씬 실질적인 도움이 되었다. 그래서 이후로는 주식투자가 잘 풀리지 않을 때면 주식창을 끄고 습관처럼 책을 들고 카페로 가서 책을 읽었다. 책에서 만난 선배들의 주옥같은 가르침이 식어가는 내 열정에 다시 불을 붙여주었고 긍정적이고 적극적인 에너지로 가득 채워 다시 도전할 용기를 북돋아주었다.

우리는 앞으로 돈이 몰릴 곳에 투자하는 사람들이다. 그러므로 가난이 아닌 부를 보는 안목을 길러야 한다. 부자에게 직접 배우든 책으로 배우든 어떤 방식으로든 부자처럼 부를 알고 부를 선택하는 방법을 익혀야 한다. 책으로 무엇이 얼마나 달라질지 의구심을 갖는 사람이 많을 것이다. 하지만 읽고 실행에 옮기면 정말 나의 가치관과 선택의 결과가 달라진다. 주식 공부를 하고 있는 사람이라면 꼭 지식을 쌓는 속도만큼 내면적 성장과 에너지 고양에 도움이 되는 책을 충분히 읽기를 추천한다. 비단 주식투자 수익률만이 아닌 인생을 바꾸는 데 큰 도움이 될 것이다.

깨달음

돈으로 돈을 버는 주식투자에서 살아남으려면 부와 운에 대한 이해가 필요하다.

다이어리로 주식 월급 관리를 시작하자

새해가 되면 나는 예쁜 다이어리를 사는 것을 좋아한다. 새로 맞이할 한 해를 나타내는 숫자가 새겨진 다이어리와 즐겨 쓰는 푸른색 계통의 볼펜, 아기자기한 스티커까지 새해 기념 3종 세트를 구매하는 일은 한 해를 의미 있고 계획성 있게 보내겠다는 나의 소소한 다짐 같은 루틴이다.

직장생활을 할 때는 주로 회사 관련 여러 스케줄, 친구들과의 계모임 날짜, 미용실이나 네일 예약일, 휴가 일정 등을 기록해두며 직장생활과 거기에서 자동적으로 파생되는 스트레스를 풀어줄 다양한 이벤트를 빼곡히 채웠다. 물론 매월 동일한 날짜에 들어오는 월급날 기록도 빠질 수 없었다.

직장을 그만두고 전업투자자가 된 지금은 매월 같은 날 동그라미 치는 월급날은 사라졌지만 그 자리는 투자 계획과 주식 일정, 그리고 다양한 책이나 매체에서 얻은 투자 아이디어로 가득

채워져 있다. 월급을 위해 버텨야 하는 날과 그날의 스트레스를 치유해줄 날을 번갈아 기록하던 다이어리가 이제는 미래를 꿈꿀 수 있게 해주는 투자 노트로 변한 것이다.

특히 주식 실전투자 초반에 이 다이어리가 주식으로 월 소득을 버는 연습을 하는 데 큰 도움이 되었다. 그 방법을 공유해보려 한다. 나는 주식투자로 월급을 벌기 위해 고수익을 만드는 데 집중하기보다 다음과 같은 방식으로 꾸준한 수익과 자금을 운용하는 연습을 집중적으로 했다.

주식으로 월급 만들기 연습

- 우선 30만 원 등 월 목표 금액을 정한다.
- 다이어리 달력 부분에 실현 수익/손실 발생시 금액을 기록한다.
- 시간이 흐름에 따라 목표 금액에 얼마나 부족한지 혹은 초과되는지 확인한다.
- 목표 금액에 부족할 경우 '무리하지 않고 이성적으로' 추가 수익을 낼 수 있는 투자처를 적극적으로 찾아보거나 이미 수익중인 중장기투자 종목에서 일부 익절을 할지 판단하여 진행한다.
- 손절매 역시 월 수익 금액 도달 가능성을 고려해 계획적으로 판단한다.
- 목표 금액에 도달하지 못하더라도 작전주 등 급등주에 무리해 들어가지 않아야 한다.

12월

12월: 389,250원! 89,250원 초과 달성!

월	화	수	목	금	토	일
1 +45,000	2	3	4	5 +23,000	6	7
8	9 +120,000	10	11 -11,000	12	13	14
15	16 +115,000	17	18 -750	19 +30,000	20	21
22	23 +68,000	24	25	26	27	28
29	30	31				

이 방법을 연습하는 이유는 이성적으로 수익을 통제하고 조절하는 연습을 하기 위한 것이지 **돈을 많이 버는 것이 주목적이 아님**을 기억하자. 목표 금액 도달시 추가 소득을 위해 무리해 추가 매매를 하지 않는다. 차라리 미리 사두고 다음 달 더 많은 수익을 기대하며 중기투자용으로 관리한다. 욕심을 버리는 연습이다.

목표 금액 도달 실패시 안타까움에 지나치게 매몰되지 않고(마인드 컨트롤), 다음 달에 추가 소득을 발생시킬 수 있도록 미리 매수 종목을 발굴하고 매수해두자. 목표를 이룬 달에는 하트 모양 등 자기만의 즐거움을 상징하는 스티커를 붙여두고 크게 초과 달성한 달에는 황금색 별과 같이 특별한 스티커를 붙여둔다. 이때 초과 달성한 달의 초과 수익분을 이전 미달성 달에 보충해 모든 달 옆에 성공(하트) 스티커를 붙일 수 있도록 통제하고 조절하는 연습을 한다. 이런 방식으로 목표 금액을 월 30만 원에서 40만 원, 50만 원, 100만 원, 300만 원, 500만 원 등으로 점차 늘려나간다.

이렇게 수익금을 월 단위로 운용하는 연습을 하다보면 손절매도 계획적으로 하게 된다. 또한 월급처럼 주식소득을 통제하면서 조금씩 월 목표 수익을 늘려나가는 연습을 하면 종목별 수익 결과에 집중하기보다 나의 월 소득 관리에 집중함으로써 **특정 종목에 너무 감정적으로 빠져드는 '감정적 매몰'을 예방**할 수 있다. 즉 내가 보유하고 있는 어떤 종목이든 똑같이 나에게는 월급을 만들어주는 수단일 뿐이고 특별히 소중히 생각하거나 기대하는 종목이 없어지면서 이성적인 매수, 매도가 가능해지는 것이다.

이런 '다이어리 월급 관리'를 언제까지 해야 할지는 본인의 선택인데, 계속 반복하다보면 굳이 달력에 기록하지 않아도 머릿속에서 운용 자금이 잘 흘러가는 순간이 온다. 그때는 더이상 연습할 필요가 없다.

깨달음

주식으로 월급을 만들려면 개별 종목 수익에 집중하기보다는 좀더 넓은 시야로 내 월 소득을 통제하는 연습이 필요하다.

SECTION 3

단 1%의 차이
— 실전투자에서 살아남는 비법

투자 그릇 만들기
— 작고 소중한
나의 간장 종지

"주식투자를 하려면 종잣돈이 얼마나 필요한가요?"

주식으로 월급을 벌어서 산다고 할 때 가장 많이 듣는 질문 중 하나다. 재테크 책이나 유튜브에서 다들 종잣돈의 중요성을 강조하다보니 종잣돈 1억 원을 만들지 않으면 투자할 수 없다고 생각하는 사람들도 있다. 이론적으로만 보면 그들 말이 맞다. 이왕이면 1억 원 정도 있으면 좋으니까. 아니 3억 원이면 더 좋고, 10억 원이면 더더욱 좋다. 투자금이 많으면 많을수록 투자 성공 시 수익이 크기 때문이다. 수익률이 10%일 때 1000만 원 투자자와 10억 원 투자자의 수익금이 다른 것은 당연하지 않은가? 1000만 원 투자자는 10%씩 수없이 투자 성공을 해야 1억 원을 만들 수 있지만 10억 원 투자자는 단 한 번만 10% 수익을 내도 '세후' 연봉 1억 원의 직장인과 같은 연봉을 버는 셈이다. 참 달콤한 말이다.

이와 같이 주식은 투자금이 클수록 엄청난 효율성을 보여준다. 그래서 주식은 종잣돈(시드머니)이 중요하다고 한다. 또한 비단 종잣돈과 그 결과뿐 아니라 그 돈을 모으기까지 이어져온 절약, 절제의 여정에서 여러 소비의 유혹을 뿌리치고 목표한 돈을 모아본 사람은 돈의 습성을 잘 이해하고 체계적으로 관리할 확률도 높다. 그래서 종잣돈을 꾸준히, 꽤 많이 모으는 일은 중요하다.

하지만 종잣돈이 많다고 모두에게 유리할까? 부동산은 몰라도 주식시장은 아니라고 생각한다. 특히 초보 시절 무턱대고 덜컥 투자하는 큰 종잣돈은 누군가에게는 독약이 될 수도 있다. 큰 투자금은 수익에 대한 효율성도 높아지지만 손실에 대한 효율성도 눈물나게 높아지기 때문이다. 100만 원으로 투자한 금액이 -30% 하한가를 맞으면 30만 원 손해지만 1억 원을 투자했을 때의 하한가는 차 한 대 값이다. 나 역시 주식 공부를 제대로 하기 전 한탕주의에 빠져 뼈 빠지게 모은 목돈을 덜컥 한 종목에 올인한 적이 있는데, 지나가는 차만 보면 그렇게 눈물이 났다. -75%의 손해금이 그때 당시에 정말 사고 싶었던 작고 귀여운 차를 사고도 남을 돈이었기 때문이다. 이렇듯 초보 주식투자자에게 큰 투자금은 오히려 독이 될 수 있다.

주식투자로 큰돈을 손절했을 당시 내가 투자할 돈으로 차라리 차라도 샀으면 이 더운 날에 뚜벅뚜벅 걸어다니지도 않고 몸이라도 편했을 텐데, 이렇게 허무하게 써보지도 못하고 날려버리려고 그동안 안 먹고, 안 쓰고, 안 입으며 열심히 돈을 모았던가 하는 생각을 끝없이 했다. 기억하자! **투자금이 크면 타격도 크다.** 감당할 수 있을 만큼만 다루어야 한다.

지금부터 나는 정말 중요한 이야기를 하려고 한다.

주식투자에서 종잣돈 키우기보다 훨씬 더 중요한 돈이 있다. 바로 내가 이성적으로 다룰 수 있는 돈, 즉 '투자 그릇의 크기'다. 종잣돈과 투자 그릇은 비슷해 보이지만 완전히 다르다. 종잣돈은 내가 열심히 일하고 아끼는 단순 반복 작업을 통해 계속 모아나갈 수 있지만 내가 감당할 수 있는 투자 그릇의 크기는 그 크기가 정해져 있다. 그리고 훈련을 통해 의도적으로 크기를 조금씩 키워나가지 않으면 절대 커지지 않는다. 주식에서 실수를 줄이고 수익률을 점점 높이려면 내가 감당할 수 있는 투자 그릇의 크기를 정확히 알고 조금씩 계속해서 늘려나가는 것이 정말 중요하다.

- 당신의 투자 그릇의 크기는 1회 매수당 얼마인가?
- 당신의 투자 그릇의 크기는 한 종목당 얼마인가?
- 당신의 투자 그릇의 크기는 총 얼마인가?

당신은 이 질문에 지체 없이 명쾌하고 정확하게 답할 수 있는가? 그렇다면 당신은 종잣돈 모으기보다 훨씬 더 중요한 투자 그릇에 대한 이해를 갖추었다. 어찌 보면 세상에서 강조하는 종잣돈 1억 원은 지금 당장 없다고 해도 공부하면서 앞으로 계속 열심히 모으면 된다. 하지만 이미 1억 원이 있다고 한들 내 투자 그릇의 크기가 100만 원이면 수중의 1억 원이 제 역할을 하겠는가. 100만 원이 넘어가는 금액을 투자했다가는 손쉽게 잃게 될 것이기 때문이다.

많은 초보 주식투자자는 앞의 질문에 바로 대답하지 못할 것이다. 과거의 나 역시 그랬고 주변에 주식투자를 하는 지인들에게 질문해도 그제야 생각해보기 시작하는 모습을 자주 보았다.

"음, 글쎄…… 1회 매수당이 정확히 뭐야? 한 번에 사는 금액? 음…… 100만 원?"

"음…… 한 종목당 내가 감당할 수 있는 돈? 감당한다는 게 어떤 의미야? 내가 손해를 봐도 신경 안 쓸 수 있는 금액인가? 처음엔 조금만 사보자 했다가 야금야금 잔고에 남아 있는 금액 다 사는데…… 그리고 나는 원래 손해를 봐도 별로 신경 안 써."

대부분은 자신의 투자 그릇을 정확히 인지하고 있기보다는 그냥 잔고에 남은 돈을 야금야금 매수하다가 결국 다 쓰고 있을 수도 있다. 또한 손실을 입어도 신경쓰지 않는다는 것은 투자 그릇이 그 금액을 충분히 담는다는 의미가 아니라 어쩌면 내 돈을 지키는 것을 쉽게 포기하는 태도일지도 모른다. 아마도 자신의 투자 그릇을 정확히 아는 초보투자자라면 이렇게 대답하지 않을까 싶다.

"나는 한 번에 50만 원을 넘으면 너무 긴장이 되더라고. 그래서 항상 50만 원 이내로 매수해. 그러다보니 한 주당 가격이 너무 비싼 주식은 부담되어서 사기가 힘들고 보통 주당 1만 원에서 비싸도 5만 원 이내 주식을 주로 거래해."

"나는 한 종목당 총투자 금액이 1000만 원이 넘어가면 조금만 하락해도 불안하고, 조금 상승하면 지금 팔아야 할지, 말아야 할지 조마조마해서 이성적 판단이 안 되더라고. 그래서 종목당 1000만 원을 넘기지 않으려고 노력해."

"지금 내가 현금이 1억 원 있지만, 내가 이성을 잃지 않고 운용할 수 있는 금액은 각 종목당 1000만 원씩이고, 한 번에 다섯 종목이 넘으면 관리하기가 정신이 없어서 최대 다섯 종목 정도로 관리해. 즉 1000만 원×5종목 = 5000만 원 정도야. 그래서 5000만 원만 운용하고 나머지 5000만 원은 만일을 대비해 이율 높은 통장에 넣어뒀어."

주식투자는 상당히 충동적이기 쉬운 분야다. 주식 종목창을 들여다보고 있으면 아마 세기의 성자(聖者)들이 와도 그 충동성에 휩쓸릴지도 모른다. 특히 내가 매수해둔 종목의 하락을 초 단위로 보고 있으면 충동의 대환장 파티가 펼쳐지기 쉽다.

'나는 이 종목에 신뢰가 있어. 가격이 너무 싸졌잖아? 차트 보니 여기가 바닥이겠네. 곧 오를 테니 물타자.'

'어? 아직도 떨어지네? 이 가격대면 너무 싼데…… 언제 오를지 몰라! 물타자.'

'내 평단이 너무 높네. 빨리 탈출하려면 평단부터 낮춰야겠다. 물타자!'

이런 생각을 너무나 쉽게 하게 만든다. 그리고 야금야금 물타며(분할 매수라고 정신 승리하며) 결국 보유 현금을 모두 쓰게 만들어버린다. 거기에 그치지 않고 월급이 들어오면 추가로 조금씩 물탄다. 결국 투자 원금이 내 투자 그릇을 훨씬 넘어 산더미같이 커진다. 덩치가 커진 만큼 쉽게 흔들리고 초조해하며 매일매일 불안감에 휩싸인다. 투자금이 여유 자금이 아니라 대출받은 돈이라면 더더욱. 손실을 입었을 때 실생활에 큰 타격을 입는 금액을 투자해버렸기 때문이다. 버티기가 통해 다시 상승하면 천만다행이지만 대부분 상승하기 전 현금이 급히 필요해지면 결국 대량 손절을 해버린다.

이런 경험을 반복하지 않으려면 무엇보다 **불안**하지 않아야 한다. 불안하지 않기 위해 본인의 투자 그릇을 알고 그만큼만 투자하면서 연습을 통해 그릇의 크기를 천천히 키우는 것이 좋다. 사람은 자신이 감당할 수 있는 범위 이내의 고통은 충분히 잘 버텨낼 수 있다는 것을 기억하자.

나는 과거의 실패를 반복하지 않기 위해 어떻게 하면 투자 그릇을 키울 수 있을지 고심했다. 그리고 다음과 같이 내가 이성적으로 운용할 수 있는 금액을 테스트하면서 조금씩 규모를 키워나갔다. 당장 투자를 위한 목돈이 없더라도 포기하지 말고 이렇게 투자 그릇을 키워나가는 동시에 절약하고 모으며 투자금을 늘려도 충분하다.

▶ 마치 다른 사람의 투자에 대해 객관적으로 카운슬링해주는 느낌으로 이성적이고 합리적 사고를 유지할 수 있는 금액은 얼마인가?

▶ 각 종목당 재무적 안정성을 고려해 상장 폐지를 당해도 치명적이지 않을 금액은 얼마인가(종목당 투자 신뢰도가 다르므로 모든 종목에 반드시 동일한 금액을 분배할 필요는 없다. 최대 상한선을 지정해주는 것뿐이다)?

▶ 종목에 전혀 예측 불가능한 요동침이 있을 때 불안감에 휩쓸리지 않고 냉정함을 유지하며 바라볼 수 있는 최대 금액은 얼마인가?

▶ 내가 혼선 없이 관리할 수 있는 종목은 몇 개 정도인가?

▶ '반드시' 현금 보유분이 있어야 한다(현금도 종목이라는 말을 기억하자!).

▶ 대출을 받아서 투자했다가 투자금이 반토막나면 버틸 수 있을까(나는 '빚투' 자체를 반대한다)?

▶ 나는 자신의 돈 지키기를 쉽게 포기하는 것과 손실에 감정적으로 동요되지 않는 것의 차이를 정확히 인지하는가(쉽게 포기해버리는 것인데 자신은 쿨해서 손실에 동요하지 않는다고 착각하는 사람들이 있다)?

이렇게 계좌를 운용하며 있는 돈, 없는 돈 적금까지 해지해 투자하고 싶은 충동을 꾹꾹 누르며 나의 작고 귀여운 간장 종지로 투자하다보면 해당 금액을 이성적으로 다루는 것이 익숙해진다. 그러면서 종목당 투자금을 조금씩 더 늘려나간다. 500만 원에서 1000만 원으로, 1000만 원이 적응되면 1500만 원으로……. 사람마다 투자 그릇의 크기가 다르기 때문에 자신의 상황에 맞게 설정한다. 나는 100만 원부터 시작했다. 다만 조금씩 단계적으로 늘려 투자 그릇 크기를 늘려나가야 하는 것이 포인트다.

지난 2020년 코로나19 폭락장과 같은 V자 반등을 보여주는 인생 일대의 기회를 다시 만나더라도 자신의 그릇 크기를 알고 성실히 늘려나가며 잘 통제할 수 있는 사람이 실수 없이 성공적으로 투자할 가능성이 높다. 기회가 와도 그릇이 작으면 과감하게 매수할 수도, 설령 한다고 해도 자신의 그릇을 압도해버리는 금액에 불안해 실수할 확률이 높다.

깨달음

내가 가진 종잣돈의 크기와 투자 그릇의 크기는 다르다.

구두쇠처럼
아껴
재물을 모으는 일

많은 사람이 종잣돈을 아직 모으지 못해 투자를 시작하지 못한다고 한다. 하지만 세상이 인정해주는 종잣돈의 액수를 채워야 투자를 시작할 수 있는 것은 아니다. 돈은 돈대로 모으면서 투자 공부를 열심히 하고 소액으로 한 사이클이라도 먼저 주식시장의 '사계절'을 직접 경험하는 것이 유리하다. 나 역시 어릴 때는 5000만 원 정도 모아야 무언가를 시도해볼 수 있다고 생각했다. 하지만 시간을 되돌린다면 1000만 원이라도 돈이 모이면 하루라도 빨리 주식을 공부해 실전에서 연습함과 동시에 계속 종잣돈을 모아 투자금을 조금씩이라도 불려나갈 것 같다.

종잣돈 모으기가 필요 없다는 말이 아니다. 돈도 모으지 않았는데, 투자만 덜컥 한다고 자본소득자가 되지 않는다. 돈을 모으면서 자연스럽게 익히는 돈의 성질이 있다. 그리고 투자할 돈이 있어야 투자를 연습하고 배울 수 있으며 결국에는 돈을 벌 수 있다. 특히 일생일대의 기회가 왔을 때 아무리 열심히 공부해 투자 기술이 있다고 해도 투자할 목돈이 없다면 그 기회를 충분히 살릴 수 없다. 그러므로 종잣돈 모으기는 투자 전에도, 투자 중에도 반드시 필요하다.

그렇다면 투자에 필수적인 종잣돈은 어떻게 모을 수 있을까? 널리 알려진 대로 '짠테크'가 하나의 좋은 방법이 될 것이다. 짠테크를 네이버 사전에서 찾아보면 "1. '짜다'+'재테크'가 합쳐진 합성어로 불황을 견디는 방식으로 단순 아끼고 안 쓰자는 의미보다 불필요한 낭비를 막자는 의미다, 2. 구두쇠처럼 아껴 재물을 모으는 일"이라고 정의되어 있다.

내가 주식을 시작한 이유는 월급만으로는 내가 원하는 삶을 살 수 없다는 결론을 내렸기 때문이다. 아무리 계산해보아도, 심지어 직장생활을 60세까지 하더라도 말이다. 그리고 내가 직장에서 승승장구하며 계속 연봉이 오른다 해도 결국 몸은 직장에 묶여 있어야만 한다. 시간적 자유와 금전적 여유로움, 그 두 가지를 모두 얻기 위해 나는 주식투자를 시작했다. 그런데 주식이나 다른 분야의 투자도 마찬가지겠지만 유의미한 수익을 내려면 키울 돈, 종잣돈이 필요했다. 그리고 그 종자를 준비하려면 직장생활을 성실히 하며 월급을 아끼고 모으는 짠테크, 즉 조금은 괴로운 과정이 필수적이었다.

앞서 짠테크의 정의에서 월급이 충분한 사람들은 첫번째 정의처럼 적당히 낭비하지 않고 월급에서 남는 돈을 차곡차곡 모아 종잣돈을 만들면 되지만 나는 두번째 정의처럼 생활비를 '구두쇠'처럼 아껴야 했다. 딱히 구두쇠가 되고 싶었던 것은 아니었는데, 그렇게 아끼지 않으면 좀처럼 돈을 모을 수 없었다. 짠테크는 대단한 기술을 필요로 하지 않는다. 남에게 피해를 주지 않는 선에서 그냥 지독하게 아끼는 마음가짐이 필요하다. 미래의 자유를 위해 현재의 삶을 극단적으로 줄여 버티는 것이다. 생활에 필수적인 부분을 제외하고 필요 없는 소비를 하지 않는 것. 말로는 굉장히 간단하지만 소비하고 싶은 욕구를 억제하는 것, 의도적으로 여러 불편함을 감수하는 것은 결코 쉽지 않다.

아직도 그때 들은 친구의 말이 생생하게 기억난다.

"나는 평화처럼 살 바엔 그냥 안 살아. 앞머리도 집에서 자른대. 구질구질하게 그게 뭐니?"

"얘~ 너 옷 좀 사 입어. 이 외투 한 20년은 돼 보인다."

나는 그때 눈물이 찔끔 날 만큼 자존심이 상했고 한편으로는 슬프기도 했다. 내가 꿈꾸는 삶을 살기 위해 몇 년 고생하기로 결정하고 노력하는 내 모습이 누군가에게는 구질구질하게 보였던 모양이다. 심지어 상대방에게 피해를 준 것도 없는데, 그들은 그렇게 말했다. 삐뚤삐뚤한 앞머리와 내 낡은 옷이 그들에게 무슨 피해를 주었겠는가? 당시 그 친구들과 나의 연봉은 비슷한 수준이었고 다 함께 돈을 내거나 친구들에게 베푸는 부분에서는 구두쇠처럼 굴지 않았는데도 내 외적인 모습만으로 그들은 나를 쉽게 정의했다. 돈 모으기도, 아끼기도 당장 그만두고 싶었다. 그녀의 말처럼 구질구질하지 않게 말이다. 약하디약한 내 유리 멘탈에 제대로 금이 갔음은 물론이다.

하지만 아무리 생각해도 내가 정한 목표를 포기하고 싶지 않았다. 언젠가는 구두쇠처럼 아끼는 시간도 지나가리라고 믿었다. 그래서 며칠 속상해하다가 툭툭 털고 다시 더 지독하게 아끼기 시작했다. 가끔 소비가 많았던 달이면 목표 저축액을 달성하려고 흰밥에 간장만 넣고 비벼 먹으면서까지 식비를 줄였다.

'그래, 어차피 구질구질하게 아낀다는 소리도 들은 마당에 절약의 끝이 뭔지 보여주자! 흔들리지 말자.'

나는 그렇게 종잣돈을 모으고 또 모았다. 지금의 내 모습만 아는 사람들은 상상도 할 수 없을 것이다. 지금은 어쩌면 남들보다 풍족한, 심지어 좀 사치스러워 보일 수도 있는 모습이기 때문이다. 그렇게 남들이 욜로를 외칠 때 나는 치열하게 돈을 모았다. 짠테크로 돈 모으기란 정말 쉽지 않다. 나처럼 가끔 눈물이 핑 도는 굴욕감을 맛볼 때도 있고 지칠 때도 많을 것이다. 하지만 당신은 기억해야 한다. 그 고통의 시간은 생각보다 길지 않다.

"어, 평화야 너 많이 변했다?"

전업투자자로 자리잡은 뒤 우연히 그 친구를 다시 만났다. 내 유리 멘탈을 뒤흔들어놓았던 친구 말이다. 태도부터 옷차림까지 많은 것이 변한 내 모습에 그 친구는 조금 놀란 듯했다.

"변하긴 뭘 변해. 그냥 열심히 사는 거지. 호호, 너는 참…… 그대로구나."

내가 웃으면서 그녀에게 해준 말은 그것이 전부였다. 그리고 그날 밤 나는 울고 말았다. 그동안의 내 노력이 스쳐지나갔다. 그리고 끝내주게 멋진 지금의 내 삶에 감사하는 마음에 눈물이 났다.

'생각보다 몇 년 안 걸렸네…… 나 무지 수고했다.'

돈은 생기면 쓰고 싶다. 맞다. 하지만 흔들리지 말자. 만약 당신에게 어떤 목표가 있다면 주변의 여러 말에 흔들리지도, 자신의 내면적 욕구에 굴복하지도 말자. 몇 년만 고생하면 된다. 돈을 계속 아끼며 모으고, 책으로 투자 공부를 하며, 실전투자 연습을 통해 투자 그릇을 키우는 훈련을 단계적으로 부지런히 하다보면 주식투자에 유의미한 결과를 얻을 수 있을 것이다.

내가 짠테크를 하며 썼던 많은 아끼는 방법 중 지금까지도 애용하는 방법을 하나 공유하고자 한다. 나는 이 방법을 참 좋아하는데, 큰 고통이 없으면서도 효과적이기 때문이다.

일명 '가랑비에 옷 젖는 돈 모으기'다. 돈을 모으겠다고 결심하면 적금, 예금은 당연한 일이다. 그런데 그렇게 돈을 쥐어짜듯 모으다보면 더이상 줄일 곳이 없다고 느껴진다. 특히 싱글일 때에 비해 결혼 후 생활비 일부를 줄여서 돈을 모으기란 정말 어렵다. 나 혼자만 극단적으로 줄이거나 고생하는 일이 아니라 온 가족이 견뎌야 하기 때문이다. 그래서 결혼 이후에도 이 방법으로 우리 가족이 체감하지 못할 만큼의 적은 금액을 조금씩 줄여나갔다. 그 방법은 다음과 같다.

가랑비에 옷 젖는 돈 모으기

- 가계부를 편다. 가계부가 없다면 카드 결제 내역을 본다.
- 내가 아주 소소하게 소비하는 목록을 찾는다(예를 들어 커피값, 편의점 간식값, 빵값 등)
- 그중 가장 적은 금액 하나를 찾아서 그 금액만큼 적금을 든다(적금 통장을 만들기 힘들면 놀고 있는 통장에 강제로 매달 적금처럼 이체한다).
- 이후 남은 금액에서 생활비를 소비하며 살아간다.
- 해당 금액만큼 줄어들어도 워낙 가랑비만큼 적은 금액이라 눈에 띄는 차이는 느끼지 못할 것이다. 그렇게 익숙해지면 또 결제 내역을 보며 가장 적은 금액을 찾고 그만큼 적금을 든다.
- 계속해서 조금씩 생활비를 줄여나가다보면 1년 뒤 매달 만기되어 퐁퐁 솟아나는 적은 돈의 샘물을 만나게 된다.

이와 같은 방법으로 나는 목돈의 메인 적금과 더불어 월 1만 원, 2만 원, 5만 원짜리 등 소액의 적금을 계속 늘려나갔다. 그리고 만기일이 되면 한여름 메마른 잔디밭에 흩뿌려지는 스프링쿨러의 물줄기 같은, 적지만 고마운 돈뭉치를 손에 쥐었다. 그 돈으로 또 주식을 샀다. 단돈 2만 원을 아껴서도 살 수 있는 종목은 많다. 그렇게 아기 돈뭉치들을 커다란 어른 돈뭉치로 키워내는 것이다.

어떤가? 쉽고 사소해 보이는가? 이렇게 하면 나도 모르게 새어나가는 아주 적은 금액도 놓치지 않고 모을 수 있다. 큰 지출을 한 번에 줄이는 것도 필요하지만 그와 더불어 소액을 조금씩 줄여보자. 그리고 그 돈을 차곡차곡 모아 1년 뒤 스프링쿨러의 물줄기를 만나보자. 1년 동안 열심히 투자 공부, 마인드 공부를 하면서!

깨달음

아껴서 투자금을 만드는 과정에는 고통이 따른다. 하지만 그 시간은 결국 지나간다.

무엇보다 중요한 매수의 기술 (feat. 물타기)

결론부터 말하면 무작정 물타기 하다가 패가망신한다.

"평화야, 이거 계속 떨어지는데, 어쩌지? 더 살까? 아니면 팔아버릴까?"

친구 A는 원래 주식을 딱히 하지 않다가 2020년 코로나발 주가 폭락 이후에 찾아온 주식투자 호황기에 입문한 '주린이'였다. 평소 알뜰살뜰하고 부지런히 직장을 다니며 저축하는 삶을 살던 친구는 처음 경험하는 정글 같은 투자세계에서 혼란스러움을 느끼는 듯 종종 나에게 "이제 어떡하지?"와 같은 질문을 해왔다. 나는 과거에 지인들에게 선의로 보유 종목을 공유하거나 매수/매도 타이밍 조언을 해주었다가 괜히 불편해진 경험을 몇 번 한 뒤로 절대 주식 종목 추천이나 조언을 하지 않는다. 하지만 이 친구의 질문만큼은 차마 모른 척할 수 없었다. 그래서 먼저 그녀가 어떤 종목을 보유했고, 어떻게 매수/매도하는지 가만히 지켜보았다. 그 결과 그녀는 나와 미묘하게 다른 매수방법을 쓰고 있다는 사실을 알게 되었다. 나는 매수기술이 사람마다 다르다는 것을 그 이전에는 딱히 생각하지 못했는데, 자세히 보니 그녀는 나와 같은 종목을 매수해도 매수방법 차이로 결국 손절매를 했다. 그때 나는 사소하게만 여겼던 매수기술이 얼마나 중요한지 깨달았다.

지금부터 사소하지만 내가 반드시 고수하는 '매수기술'에 대해 이야기해보려 한다. 그 전에 초보투자자인 친구 A의 매수방법을 한번 알아보자. 어쩌면 '어? 나랑 똑같은데?'라고 생각하는 이도 있을지 모른다.

친구 A 주식 매수방법

유튜브 주식방송을 열심히 보는 등 재테크 공부를 하면서 전문가들이 추천해주는 미래 성장성이 뛰어나 보이는 종목을 발굴한다. 해당 종목은 인터넷이나 경제방송에도 연일 미래가 창창하다며 전문가들의 입에 오르내리며 주식 카페에서도 많은 사람이 투자가치가 있다고 이야기하는 종목, 즉 이미 유명한 종목이다. 여기저기 호평 일색인 해당 종목과 사랑에 빠진다. 사람들의 말처럼 제2의 삼성전자나 제2의 셀트리온이 될 가능성이 다분하다고 생각하며 들뜬 마음으로 매수를 결정한다.

해당 종목의 가격은 현재 보합권에서 ±100원대를 오가고 있다. 묘하게 +100원에 사면 손해를 보는 느낌이 든다. 그래서

-200원대에 매수 주문을 걸어둔다. 그런데 갑자기 종목의 주가가 점점 오르기 시작한다. +50, +100, +150, +250, +350……. 당황하기 시작한다. 곧 급등해서 훨훨 날아가버릴 것 같다. 초조하다. 어쩌지? 급한 마음에 -200원대에 넣어둔 매수 주문을 취소하고 +400원에 전량 매수한다.

순간적으로 +550원까지 올라가던 종목은 힘이 빠지는 듯하더니 아래로 내려간다. 이후부터 장 마감까지 지루한 등락을 반복하던 종목은 시초가 대비 -150원 떨어진 가격에서 그날 장을 마감한다. 아쉽다. 즉 나는 주당 -550원 손해로 하루를 마감한 것이다. 씁쓸하지만 괜찮다. 곧 크게 오를 것이다.

다음 날이 왔다. 9시 장이 열리기를 학수고대한다. 드디어 9시! 기다렸던 주식장이 시작되고 경주마가 경주를 시작하듯 종목들의 숫자가 빠르게 내달린다. 내 매수 종목이 어제의 마이너스를 만회하며 오늘 나에게 수익을 안겨줄 것이라는 기대에 가득찬다. 이상하게도 종목에 힘이 없다. -50원, -100원…… -550원까지 빠진다. 내가 전날 시가의 +400원에서 매수했으니 이미 주당 손실가가 1000원이 넘는 상황이다.

주가는 오를 듯 말 듯하며 애를 태운다. 애가 타서 틈날 때마다 주식창을 들여다본다. 이제 큰 수익은 바라지도 않는다. 내가 매수한 가격에서 100원만 올라도 전량 매도하고 싶다. 며칠을 기다려도 수익은커녕 첫 매수 날 내가 매수한 직후 몇 초간 잠깐 올랐던 금액대조차 다시 돌아오지 않는다. 우울하다. 우울감이 내 일상에 영향을 준다.

답답한 마음에 해당 종목의 리서치를 다시 해본다. 내가 무언가 잘못 조사했나 싶기 때문이다. 하지만 인터넷에도, 종목 토론방에도 내가 매수한 그 이유는 변한 것이 없다. 사람들은 여전히 좋은 종목이라고 이야기한다. 너무 저평가라고 아쉬워하는 글들이 가득하다. 모두 희망을 노래하니 안도감이 생긴다. 그렇다. 이 종목은 분명히 좋은 주식이고 미래가치가 있다. 나는 이 종목을 믿는다.

생각해보니 내 비상금 통장에 50만 원이 있다. 가격도 조금 빠졌으니 지금 매수해 평균 매수단가를 조금이나마 낮추는 것도 멀리 보면 이익일 것 같다. 오늘부로 나는 장기투자자다. 현금이 생길 때마다 해당 종목을 조금씩 사서 모은다. 주가가 계속 빠지고 있지만 빠질 때마다 물타기를 하다보면 결국 바닥을 치고 상승할 것이다. 네가 이기나 내가 이기나 해보자!! 끝까지 산다!!

몇 달간 계속 물타기를 하다보니 한 종목에 들어가 있는 투자금이 너무 많아졌다. 금액이 커질수록 불안감도 커진다. 회사가 망하는 것은 아닌지 불안감이 엄습해온다. 몇 달을 꾹 참고 물타기를 하며 매수했으나 오를 생각이 없는 주가에 분노가 치민다. 내가 아무리 분노하고 불안해해도 주가는 꿈쩍도 하지 않는다. 지쳐서 해탈의 경지에 이른다. 도인이 된 느낌이다. -40%를 훌쩍 넘는 손실률이지만 애써 태연한 척하려 한다. 나는 도인이다……. 인생은 견디는 거야!!

10개월 뒤 급하게 현금이 필요한 일이 생겼다. 현금이란 현금은 이 주식에 다 들어가 있는 터라 10개월간 물려 있는 이 종목을 매도하는 방법밖에 없다. 손실이 크지만 어쩔 수 없다. 손절매를 한다. 돈이 생길 때마다 계속 추가 매수를 해온 통에 커져버린 총투자 금액에 비례해 손실액 역시 크다. 속상하지만 지난날 매일같이 주가 등락에 스트레스받고 우울하던 마음이 사라져 홀가분하기도 하다. 앓던 이가 빠진 시원섭섭한 느낌이다.

하던 일 하며 애증의 종목을 잊고 지내다 우연히 사람들이 열광하는 소리를 듣는다. 10개월간 질리도록 물려 있다가 몇 달 전 결국 손절매를 한 바로 그 종목이 급등을 시작했다. 역시 주식은 내가 팔고 나면 오른다.

어떤가? 혹시 공감되는 부분이 있는가? 곰곰이 생각하면 내 친구만의 이야기가 아니다. 과거의 나 역시 이런 식으로 매수했다는 사실을 새삼 깨닫는다. 그래, 완전히 과거의 내 이야기다. 하지만 요즘 나의 매수방법은 이와는 조금 다르다. 주식 공부를 하면서 내 행동과 감정이 특정 범주 내에서 움직이도록 연습했기 때문이다. 예전보다 내가 더 대단한 종목을 발굴해서가 아니라 이성적으로 움직이는 매수/매도 방법이 지금과 같은 수익률 향상에 더 큰 공헌을 하고 있다는 생각이 든다. 이렇게 말하면 굉장히 대단한 비법이 있는 것처럼 보일지 모르겠지만 그렇지 않다. 쉽고 간단하지만 조금의 멘탈 관리가 필요하다. 내가 매수하는 방법을 한번 살펴보자.

가장 먼저 내가 정해둔 매수 기준(나만의 투자 레시피에 대해서는 뒷부분에서 다룰 것이다)에 부합하는 종목을 찾는다. 해당 종목의 과거 차트를 살펴본다. 종목마다 고유의 파동이 있는 경우가 대부분이다. 그 파동을 보며 해당 종목의 바닥 가격과 상승시 탄력의 힘(대상승을 보일 때 몇 배까지 상승하는 경향이 있는지)을 본다.

▶ 나는 차트 파동의 파도가 적당히 크면서 그나마 일정한 모양을 지닌 종목을 산다. 파동이 들쑥날쑥 예측하기 까다롭거나 파도의 폭이 너무 낮은 종목은 사지 않는다.

▶ 사람마다 읽기 쉬운 파동이 다른데, 자신만의 읽기 쉬운 파동을 찾는 것이 좋다.

〈그림 1~4〉의 종목 중 어떤 종목이 상식선에서 그나마 **예측 가능**하면서도 **지루**하지 않은가? 나의 경우 1번(단기투자)과 3번(단기투자/장기투자)이 좋아 보인다.

파동은 상장된 지 꽤 된 종목들을 주로 본다. 신규 상장주는 별도의 매매방법이 있는데, 뒤에서 소개할 것이다. 내 기준에서 주기적 탄성(상승시 크게 상승하는)이 좋으며 파동이 예쁜(예측 가능한) 두세 개의 종목을 선정한다. 다만 이 종목들을 바로 매수하지는 않는다. '관심 종목' 폴더에 넣어두고 종목 특유의 파동이나 움직임을 지켜보며 점차 익숙하게 만든다. 만약 2000원부

그림 1

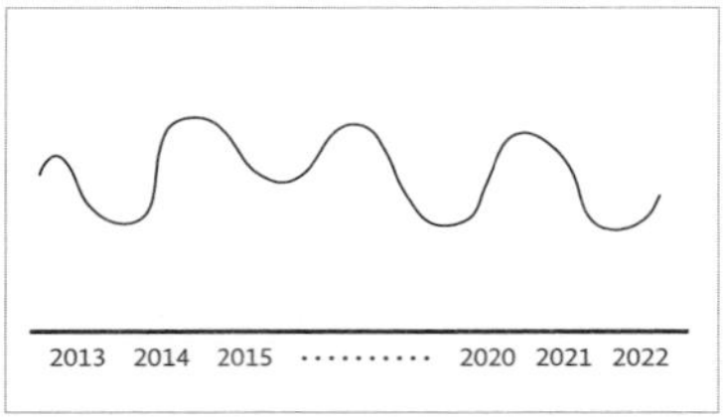

그림 2

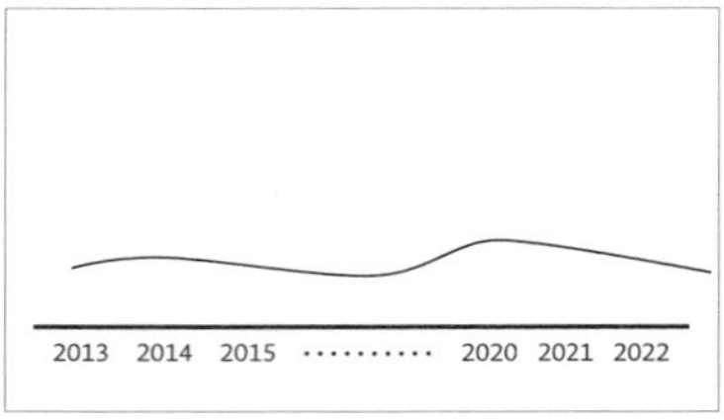

그림 3

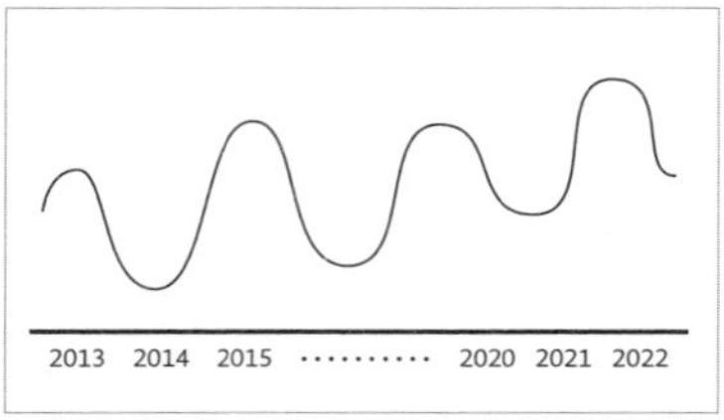

그림 4

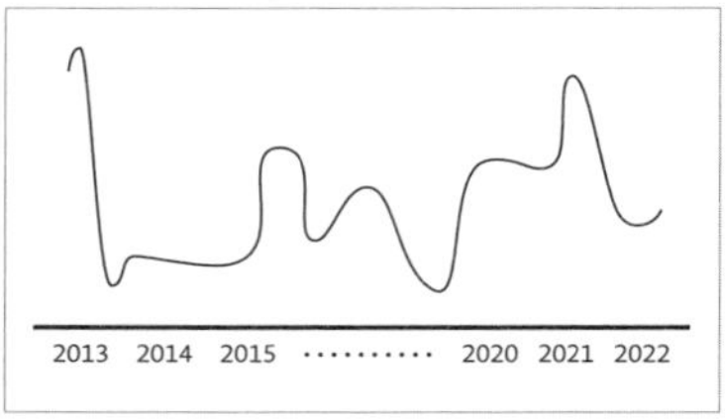

터 3000원대에서 반복적으로 움직이는 종목이라면 무턱대고 3200원에 사기보다 2000원부터 2100원 사이에 매수하는 편이 좋지 않겠는가?

원하는 바닥권에 가까워진 종목이 있다면 매수를 시작한다. 매수하되 종목당 매수 가능한 모든 금액을 한 번에 다 투입하지 않는다. 투입 금액의 비율은 명확히 정해진 것이 없다. 해당 종목 가격의 바닥 가격 신뢰도에 따라 조금씩 다르게 한다.

예를 들어 종목 A가 있다고 하자. 한 종목당 내가 투입할 수 있는 최대 금액은 1000만 원이다. 과거 수년간의 파동에서 A종목의 바닥권 가격은 2000원대다. 그리고 한 번 상승기에 오르면 60%에서 300%까지 상승한다. 나의 매수 전략을 세 가지로 나누어 살펴보자.

Case 1 현재가 2000원 → 700만 원 이상 매수 가능

매수 전 더이상 내려가지 않을 것 같은 '진바닥'에 닿은 외부적 사유가 있는지 꼭 확인해야 한다. 상장 폐지 위기까지 올 수 있는 치명적 악재로 사람들이 다 털고 나간 것이라면 당연히 매수하면 안 된다. 하지만 일상적인 파동으로 거의 바닥 즈음에 온 것이라면 괜찮다. 매수하기 전에 매매 동향을 한번 살핀다. 외국인, 기관이 모든 것을 알 수 없지만 적어도 나보다 정보력이 빠를 것이기 때문이다.

Case 2 현재가 2500원 → 진바닥까지 더 하락 가능

그러므로 300만 원에서 400만 원 사이에 매수한다.

Case 3 2700원 이상 → 매수하지 않음

다만 매수하지 않는 가격대는 종목에 따라 달라진다. 〈그림 1, 3〉의 두 가지 파동을 살펴보자. 어떤 종목들은 〈그림 1〉과 같이 물결 파동으로 움직이지만 〈그림 3〉과 같은 파동처럼 바닥 가격이 조금씩 오르는 경우도 있다. 이런 경우는 그것에 맞게 바닥 가격을 유연하게 보아야 하며 매수하지 않는 가격대도 좀더 유연하게 보아야 한다.

정리하면 나는 다른 사람이 추천하는 종목이 아닌 재무, 성장

그림 1

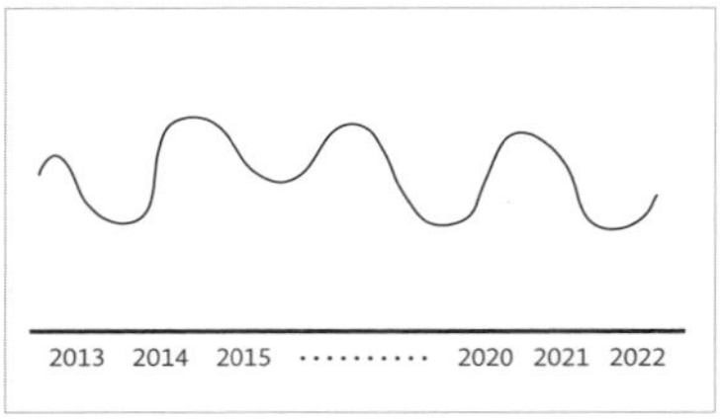

그림 3

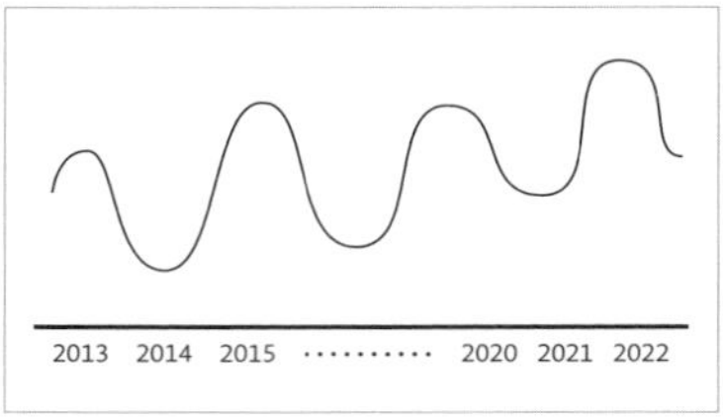

가능성, 매매 동향, 차트, 거래원 등 여러 가지를 확인해보고 종합적으로 판단하여 좋은 종목을 발굴한 뒤 그들의 수년간의 과거 움직임을 확인한다. 그리고 해당 종목이 보통 어느 가격대로 떨어지면 큰 위험 없이 매수하는지를 조사한다. 그리고 그중 상승 탄성이 좋은 종목을 매수한다. 매수를 시작할 때도 안전을 위해 해당 종목을 조사해 기업의 존폐를 가를 악재가 없는지 확인한다. 그리고 **한 번에 매수 가능 금액을 다 투입하지 않는다**. 조금 매수한 뒤 추이를 지켜본다.

종목 A를 매수한 이후의 움직임을 살펴보자.

Case 1 현재가 2000원 → 700만 원 이상 매수

매수 후 얼마 지나지 않아 상승을 시작할 경우

천천히 과거 움직임과 비슷한 파동을 그리며 우상향하는 경우에는 '욕심내지 않고' 과거 상승 폭 어깨나 가슴 부분에서 팔거나 좀더 보유하다가 다음 매수 대기 종목의 매수 타이밍이 나면 매도하고 갈아타기를 한다. 가격적 어드벤티지가 있는 매수

평균단가이기 때문에 남겨둔 여유 자금 300만 원으로 개인의 판단에 따라 좀더 매수해도 되고 안 해도 된다.

만일 하루 10% 이상 급등하는 경우 나는 '욕심내지 않고' 바로 매도한다. 특히 윗꼬리가 길게 달린 급등이 계속 출현하는 와중에 나오는 급등이라면 욕심 없이 당일 고가에 매도한다.

매수 후 좀더 조정 기간을 가졌다가 다시 매수가로 올라오는 경우

남은 300만 원을 매수가 아래 가격에서 좀더 사도 되지만 사실 평균 매매단가를 낮추는 데 큰 도움은 안 되며 상승이 확실하다면 조금이나마 수익의 볼륨을 키우기 위해 매수하는 정도라고 생각하면 된다.

Case 2 현재가 2500원 → 추가 하락 가능성에 300만 원에서 400만 원 사이 매수

매수 후 얼마 지나지 않아 상승을 시작할 경우

일시적 상승인지, 지속적 상승인지 확신하기 힘들면 추가 매수하지 않는다. 내가 이곳이 충분한 바닥이라 확신하지 못하는 조건의 보유 종목은 수익금이 적다고 할지라도 추격 매수 없이 오르면 매도한다. 이때 흔히 욕심내기 쉬운데, 탐욕에 휩싸이지 않도록 마인드 컨트롤한다.

매수 후 조금씩 하락하는 경우

이 부분을 설명하기 위해 앞의 구구절절한 부연 설명을 했다고 해도 과언이 아니다. 내가 정말 중요하게 지키는 규칙이 있다. 나쁘지 않은 가격대라고 판단해 매수한 종목이 매수 후 조금씩 하락하는 경우 나는 절대 **추가 행동을 하지 않고 기다린다.**

매수한 종목이 하락하면 계속해서 물타기를 하라는 사람들도 있다. 적금 넣듯 말이다. 분할 매수라는 말도 있다. 그들의 논리도 나름 일리는 있다. 평단을 조금씩 낮추면서 결국 바닥을 치고 올라올 때(어디가 바닥인지 모르니 계속 물타면서) 커진 투자금으로 이후 상승기 때 이익을 키워 팔자는 의미일 것이다.

하지만 이 물타기방식이 안전한 투자를 위해서라고 주장한다면 동의하기 힘들다. 지수 전체에 투자하는 상품은 그럴 수 있다. 하지만 국내 개별 종목 투자에서는 내가 경험해본바 '어디가 바닥일지 모르는' 깊은 심연으로 빠지는 중에 계속해서 투자금을 투입하는 것은 오히려 리스크를 어마어마하게 키운다. 굉장한 리스크를 안고 행하는 행동이다. 그 심연의 끝이 빛으로의 회복이 아닌 심연 속에서의 영원한 영면이라면? 더 최악의 경우 상장 폐지라면? 막무가내식 물타기로 덩치만 엄청나게 커진 투자금을 손절할 때 금전적·정신적 타격은 이루 말할 수 없다. 그래서 나는 바닥이 확실하지 않은 종목을 매수한 후 하락하면 바닥이 보일 때까지 더이상 매수하지 않고 지켜본다. 차라리 그 하락하는 시간 동안 다른 종목에 투자해 돈을 굴리거나 현금을 보유한다. 내 계획과는 다르게 발생한 리스크에 노출시키는 내 돈을 최소화하는 것이다.

나는 극안전주의적인 투자 성향을 가졌다. 첫째도, 둘째도 투자금을 잃지 않는 것을 중시하는 나에게 그런 "끝이 어디인지는 모르겠지만 언젠가는 오를지도 모르니 매달 물을 타봐!"라는 말은 너무나 위험천만하게 들린다. 나 역시 적금처럼 적립식 매수를 하는 분야가 있지만 그런 이유에서는 아니다.

더군다나 눈에 보이지 않는 바닥은 감정의 동물인 인간을 공포의 세계로 몰아넣어 엄청난 스트레스와 우발적 행동(두려움에 손절하는 것)을 하게 만든다. 사람이 기계라면 이야기가 달라지겠지만 우리에게는 우발적 행동을 야기하는 감정이라는 큰 변수가 존재한다. 주식투자를 하면서 우발적 행동은 웬만하면 지양하는 것이 좋다. 하락이 불가피한 주식시장에서 나는 어떻게 탈출할까?

〈그림 5〉를 보자. 이해를 돕기 위해 색깔로 극도로 단순화한 차트이므로 봉의 모습을 보이는 그대로 이해하면 안 된다(즉 연속적인 장대 음봉이 쏟아진다는 뜻이 아니라 몇 달간 음봉이 자주 출현해 전체적으로 푸른빛을 띤다는 뜻이다). 전체적 흐름을 이해하는 그림이다.

차트를 보고 짐작했겠지만 매수 후 하락한 종목의 경우 **추가 매수 없이** 방관하면서 틈틈이 해당 종목의 파동과 거래창의 움직임, 매매 동향 등을 살피며 바닥에 다 와가는지를 지켜본다. 특히 이때는 종목 존폐에 영향을 주는 큰 악재가 있는지를 확인해야 한다. 바닥권에 진입해 안정되고 다시 상승 방향으로 힘의 방향이 바뀌었음을 확인할 때(초록색 표시 부분) 200만 원에서 300만 원 정도로 1차 추가 매수에 들어간다. 그동안 물타기를 전혀 하지 않았기 때문에 투입해둔 금액의 배가 되는 금액을 투입

그림 5

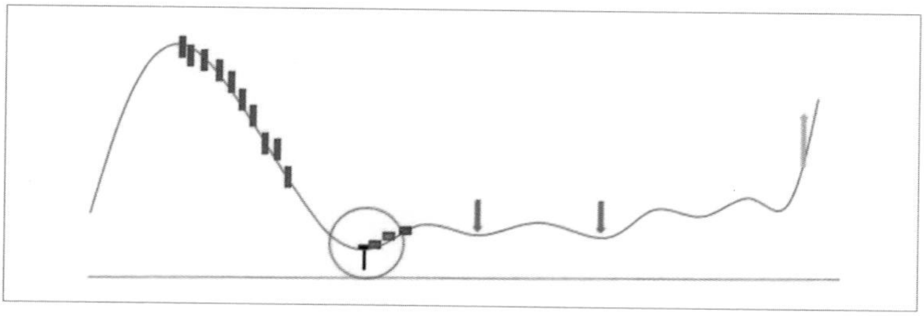

해도 200만 원에서 300만 원밖에 들지 않는다.

만약 하락하는 내내 물타기해 덩치를 불릴 경우 이미 너무 커진 투자금에 큰돈을 손해볼까봐 스트레스를 받다가 두려움에 손절할 확률이 있고, 혹여 버텨서 막상 진짜 바닥에 다다랐을 때도 이미 너무 커진 덩치에 웬만한 금액으로는 평단을 효과적으로 낮추기 힘든 경우가 많다. 그렇게 되면 정말 빠져나오기 힘들어진다. 이와 같이 섣부른 물타기가 얼마나 위험한지 하루빨리 깨닫기를 바란다.

바닥을 다지는 듯 파동의 흐름이 횡보를 보이면 그 안에서 잔파도 아랫부분에서 100만 원씩 추가 매수를 한다. 이렇게 바닥을 다진 상태에서 매수하면 평단이 매우 낮아지고 높은 평단에 들어가 있는 금액이 적기에 하락하는 동안 감정적 동요를 줄일 수 있다. 나는 '주식 월급 조달' 상황에 따라 안정기 회복 구간에서 5% 이하의 소액 수익을 보고 매도하기도 하고 해당 주식 분위기가 곧 크게 상승할 가능성이 보이는 경우에는 좀더 기다렸다가 급등이 나오면(주황색 화살표) 바로 매도하고 빠져나온다.

Case 3 2700원 이상 → 매수하지 않음

완전한 바닥도 아니고 2차 바닥도 아닌 확신이 없는 가격대는 아무리 재료, 재무, 다른 옵션들이 좋은 종목이라고 해도 매수를 최대한 피한다. 예로 든 종목 A의 2000원에서 2500원이라는 가격은 모든 종목에 적용되는 고정된 비율을 의미하는 것이 아니다. 설명을 위해 대략적으로 나눈 금액대다. 사람마다 또 종목마다 심리적 안정감을 느끼는 바닥과의 갭(가격 차)이 다르기 때문에 [Case 3]은 '이 가격이라면 확실한 바닥이라는 확신이 없는, 이미 어깨 이상 상승한 가격대'라는 의미다.

나는 바닥이라는 심리적 확신이 없는 종목은 사지 않는다. 그 이유는 내 스스로가 확신하지 못하는 상태에서는 냉정함을 유지하기 어렵기 때문이다. 두려움을 느끼면 수익이 날 확률이 낮아진다.

〈그림 6~7〉처럼 내가 실제로 즐겨 매매하는 종목을 살펴보자.

이 종목은 내가 가장 좋아하는 차트 모양 중 하나인 상태다. 파란빛을 많이 띠며 장기간 내려오던 종목이 윗꼬리를 단 급등을 몇 번 반복적으로 보이고 크게 오른다. 사람마다 다양한 타이밍에 매수하겠지만 내 매매 스타일로는 이 종목의 가장 현실적인, 내가 동요하지 않고 접근 가능한 매수 타이밍은 초록색 화살표로 표시해둔 타이밍이다. 바닥을 확인하고, 상승의 힘을 나타

그림 6

그림 7

일자	종가	등락률	거래량
2022/11/15	4,265	-5.22%	810,976
2022/11/14	4,500	18.58%	3,076,213
2022/11/11	3,795	-2.69%	821,869
2022/11/10	3,900	23.03%	5,006,534
2022/11/09	3,170	0.32%	73,510
2022/11/08	3,160	2.93%	19,672
2022/11/07	3,070	-1.92%	26,982

내는 윗꼬리를 몇 번 드러내는 것을 확인한 뒤 작은 파동의 아랫부분에서 조금씩 매수하는 것이다. 그리고 운 좋게 11월 10일의 첫번째 급등을 맞이해 전량 매도하고 빠져나오는 시나리오다. 그런데 만약 내가 해당 종목을 11월 10일 급등이 진행중일 때 처음 발견했다면 어떻게 할까? 나는 매수하지 않는다.

보통 30% 상한가를 치는 종목은 최소 다음 날까지 매도하지 말라는 말이 있다. 그리고 〈그림 6〉처럼 바닥을 다지고 상승하는 종목은 앞으로 오를 확률이 높기에 대범한 성향의 투자자들의 경우 오히려 물량을 실어 과감히 진입할 수도 있다.

하지만 나는 첫째, 큰 출렁임을 감당할 그릇이 못 되고 둘째, 내 투자금을 지키는 것이 많이 버는 것보다 중요하며 셋째, 안정적으로 꾸준히 주식으로 월급을 버는 주식계의 공무원을 표방하므로 고의적으로 엄청나게 출렁대는 파도에 몸을 던지지 않는다. 저런 집채만한 파도에서 졸지 않고 수영을 잘할 자신이 없기 때문이다.

〈그림 7〉 종목의 차트에서 일자별 시세를 한번 살펴보자. 해당 종목은 그 이후에도 11월 14일에 18.58%나 상승했다가 11월 15일에는 -5.22%가 빠지며 개미들을 충동의 바다에 몰아넣고 있다. 이 종목은 앞으로도 몇 번의 큰 상승을 더 할지도 모른다. 하지만 나는 이 종목을 올해는 그냥 보내줄 생각이다. 내가 이성적으로 침착히 대응할 수 있는 움직임의 상태가 아니기 때문이다.

사람마다 투자방식이 다르기에 아마도 〈그림 6〉의 차트에서

들어가는 타이밍도 정말 다양할 것이다. 사람에 따라 높은 파도에 두려움보다는 희열을 느끼는 사람도 있고, 오히려 잔잔한 물결에 지루함을 느껴 집중력이 떨어지는 사람도 있기 때문이다.

여기에서 공유하고자 한 포인트는 내가 매수한 종목의 주가가 떨어지면 일단 멈추는 것, 그리고 내가 어떤 근거로, 어떤 타이밍에 매수에 들어가는지, 어떤 감정 상태를 중요하게 여기는지를 강조하고 싶었다. 내가 관리 가능한 범주를 넘어서면 반사적으로 반응하기보다는 일단 멈추어야 한다. 들어가는 타이밍은 자신의 강점에 따라 달리하면 되지만 반드시 충분한 매수 근거와 이성적인 판단이 가능한 감정적 범주 내에 있어야 한다. 끝으로 내가 이와 같은 투자 성향을 갖는 데 큰 영향을 준 투자의 귀재 워런 버핏의 명언으로 마무리하고자 한다.

▶ 워런 버핏의 투자철학

투자의 제1원칙 : 절대로 돈을 잃지 말라.

투자의 제2원칙 : 제1원칙을 절대 잊지 말라.

깨달음

매수 후 가격이 떨어지면 일단 멈춰라. 확신이 들지 않는데, 좋아 보인다고 충동 매수하지 말자.

담백함의 미학
— 매도의 기술

"여보, ○○○○이 40%나 올랐어. 이거 이제 팔까? 아니다. 장기투자할 생각으로 샀으니 그냥 들고 있어야겠지?"

퇴근 후 남편이 본인의 보유 종목이 많이 오른 것을 보고 나에게 물었다. 남편은 직장인이라 주식창을 들여다보고 있을 수 없다. 그래서 애초에 '오래 묵혀둘' 종목을 매수하려 했고 ○○○○ 가격이 많이 떨어졌을 때 사두었다. 그런 ○○○○이 야금야금 오르더니 벌써 수익이 40%가 되었다.

우상향해오던 효자 종목이 근래 주가의 큰 변화 없이 횡보하는 모습을 보이면, 아니 심지어 조금씩 힘이 빠지며 떨어질 것 같은 모습을 보이기까지 하면 사람들은 선택의 기로에 선다. 여기서 수익 실현을 할지, 애초에 장기투자를 할 작정이었으니 계속 둘지 말이다. 당신이라면 어떤 선택을 하겠는가?

앞에서 다룬 매수법과 같이 매도법 역시 사람마다 다르겠지

그림 8 ○○○○ 1년간의 주가 변동 차트

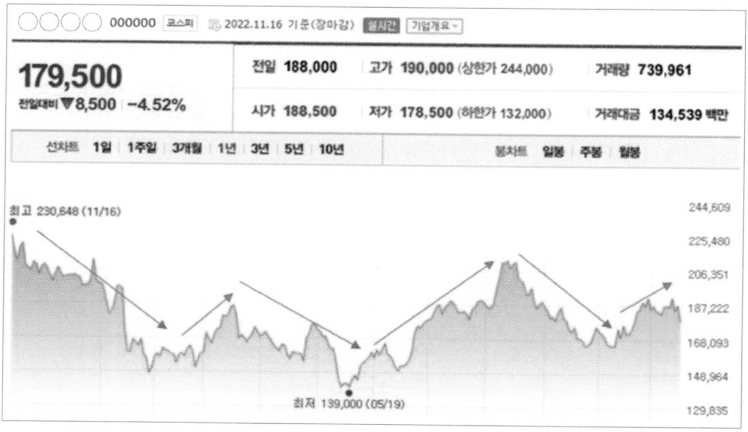

만 매도에 대한 나의 원칙을 말하면 '매도는 담백하게'다. 그런데 어떻게 하면 매도가 담백하게 될 수 있을까? 돈과 관련된 결정 앞에서 욕심을 버리고(심지어 어느 선까지가 욕심인지도 가늠할 수 없는 상황에서) 담백하게 행동하기란 사실 여간 어려운 일이 아니다.

먼저 ○○○○의 지난 1년간의 차트와 3년간의 차트를 비교해 보자.

〈그림 8〉에서 보다시피 지난 1년간 ○○○○의 주가는 파도를 타며 움직였다. 대부분의 종목이 그렇듯 점점 상승해 높은 가격대를 찍었다가 다시 점점 하락해 낮은 가격대를 보이기도 했다. 우리는 각자 자신의 상황에 맞게 자신이 생각한 적절한 타이밍에 '주가'라는 파도에 뛰어든다. 그러다보면 수익이 나는 시점이 있는데, 그 시점을 지나치면 '일시적으로든' '장기적으로든' 자

그림 9 ○○○○ 3년간의 주가 변동 차트

신의 최고 수익 대비 하락한 수익을 경험하는 구간을 만날 수 있다. 그때 이런 생각이 든다. '아, 일주일 전에 팔걸 그랬나?'

한 종목에 투자하는 기간이 길어질수록 잔파도가 쌓여 만들어진 아주 큰 파도를 만날 때가 있다. 그 큰 파도는 일시적일 수도 있고 무너지지 않고 꾸준히 쌓여 올라갈 수도 있다. 장기투자자의 인생 역전 스토리에 나오는, 3만 원짜리 주식을 10년 보유했더니 50만 원이 되었다는 이야기가 될 수도 있다. 중요한 사실은 어떤 특정투자가 옳다는 것이 아니라 어떤 파도를 탈지 본인이 분명하게 선택해야 한다는 점이다. 잔파도를 탈 생각이라면 잔파도가 높이 솟구치면 다음 파도를 욕심내지 말고 매도해야 한다. 하지만 큰 파도를 탈 생각이라면 잔파도가 수십 번, 수백 번 솟구치고 가라앉아도 신경쓰지 않아야 한다.

나 역시 주식투자에 크게 실패한 후 다시 투자에 뛰어들었을 때 성장할 기업에 장기투자를 하겠다고 생각했다. 재무도 보고, 기업 정보도 열심히 찾고 신문과 다양한 책에서 미래 유망 산업도 찾아가며 애정을 다해 마치 보석을 발굴하듯 너무 소중한 종목을 하나하나 찾아내곤 했다. 그런데 막상 매수하고 수년을 기다리려고 하니 나한테는 몇 년씩 한 종목을 꾸준히 갖고서 버틸 만큼의 느긋함과 뚝심이 없음을 깨달았다. 당장 내 삶에 치킨 한 마리라도 더 얹어주는 가시적 성과가 필요했다. 월급이 필요했으니까!

얕은 파도를 자작자작 타며 감질나게 우상향할 때는 버텨야 하는 기다림이 고문이었고, 주가가 아래로 내려가며 내 계좌의 수익금을 화끈하게 갖고 나가는 모습을 보면 지난 작은 파도(수익)에 매도하지 않은 내 선택에 대한 후회가 정말 고문이었다.

'어제 팔 걸 그랬어.'

'일주일 전에 팔 걸 그랬어.'

'수익금이 100만 원일 때 팔 걸 그랬어.'

내 눈으로 직접 확인했던 최고치의 수익금에서 계속 줄어드는 수익을 보고 있자니 분명히 지금도 플러스지만 마치 손해를 보고 있는 듯한 고통이 밀려왔다.

'이대로 조금만 더 들고 있다가는 50만 원도 못 벌겠어.'

이런 생각에 마음이 조급해지면 점점 더 초조해지고 장기투자를 하겠다던 나의 다짐이 무색하게도 하루에도 몇 번씩 주식 거래창을 들여다보게 되었다. 그러다가 결국 시간은 시간대로 허비하고 100만 원대였던 수익금이 52만 원으로 줄었을 때 매도한다. 이것이 무슨 에너지 낭비, 돈 낭비란 말인가! 이런 일이 반복되다보면 점점 감정 소모가 심해진다. 분명히 돈을 벌었는데도 만족감보다는 아쉬움과 후회가 밀려온다. 주식은 마인드 컨트롤이 참 중요한데, 이런 일이 반복되면 투자에 좋은 영향을 줄 리 없다. 그래서 나는 나만의 매도 룰을 만들기로 했다. 내 소중한 감정을 최대한 보호할 수 있게 말이다. 먼저 매수 전에 장기투자 종목과 단기투자 종목에 대한 고민이 필요했다. 두 가지를 구분해야 하는 것이다.

"에이, 다들 그렇게 하지. 시도는 하는데, 지켜지지가 않아서 그렇지."

당신도 그런가? 그런데 곰곰이 생각해보자. 당신이 A라는 종목을 샀을 때 '이 종목은 앞으로 5년간 절대 열어보지 않을 거야. 또는 이 종목은 3%라도 수익이 나는 즉시 매도할 거야'라고 명확히 구분해두고 매수했는지 말이다.

'오, 이 종목 괜찮네. 여기저기 찾아보니 오래 들고 있어도 괜찮을 것 같고, 가까운 미래에 호재도 몇 개 있고, 매수하면 수익이 날 종목이겠다.'

대부분 이런 '느낌'만 갖고 매수하는 경우가 많을 것이다. 나도 그랬으니까. 수익이 날 것으로 예상하지만 과연 언제? 그리고 장기투자를 하겠다는 것인지, 단기투자를 하겠다는 것인지 명확한 기준 없이 매수하는 경우가 대부분일 터다. 오래 들고 있으면 오를 것 같은데, 가까운 미래에 확 올라도 좋고 정도의 느낌으로 우리는 보통 매수 버튼을 누른다.

나는 주식을 두 종류로 철저히 구분한다. 장기투자할 종목과 중/단기 투자할 종목으로. 장기투자를 하는 종목은 매수 후 어떤 파동에도 관심을 갖지 않는다. 매도할 생각 없이 그냥 꾸준히 계속해서 산다. 극소수의 종목을 매수하되 적금 정도로 생각하면서 수익률에 큰 의미를 두지 않는다. 가끔 엄청난 폭락기가 오면 좀더 살 뿐이다. 그래서 나는 지금 그 종목들에 총 얼마가 투입되었는지 모른다. 조금 과장해서 노후에 할머니가 되어 열어볼 작정이다. 그래야 감정 동요가 없다.

그와 반대로 주식으로 월급을 만드는 용도의 종목들은 빈번하게 수익 실현을 해야 한다. 그렇게 짧은 주기로 수익을 만들어야 하는 종목들은 자주 들여다보고 꾸준히 관심을 가져야 한다. 중/단기 투자를 하면서 그에 적합한 종목을 찾고 작은 파도의 고점이 오면 욕심내지 않고 담백하게 매도하는 것이다. 자주 들여다보고 관리하는 종목은 본능적으로 자주 팔고 싶어진다. 그러니 어차피 빨리 팔 거 감정 소모 없이 잔파도의 높은 지점에서 최대한 매도하려고 한다. '이거 팔까? 더 기다려볼까? 어어, 떨어지는데…… 어쩌지?' 하고 고민하는 시간을 없애 효율을 극대화하는 것이다. 그래서 잔파도를 타는 종목들은 좋은 종목을 여러 개 찾되 절대 개별 종목과 사랑에 빠지지 않는다. 너무 사랑하면 실수하기 쉽다. 이렇게 선별해 투자한 종목 대부분을 큰 파도가 아닌 잔파도의 수익에 망설임 없이 매도하며 좀더 오를 것 같은 '확신'이 드는 종목은 내 월별 수익금을 따져보며 일부 보유하면서 잔파도를 몇 번 더 타기도 한다.

이런 방식으로 다양한 종목의 여러 잔파도를 계속 탄다. 다만 단점은 당장 장기투자도 가능한 좋은 조건의 종목을 계속 찾아야 한다는 것이고, 장점은 개별 종목당 하락기나 예상하지 못한 리스크에 매몰될 수 있는 시간과 감정을 아낄 수 있다는 것이다. 끊임없는 새로운 종목 발굴이 힘들면 몇 종목을 찾아낸 뒤 계속 번갈아가며 투자하는 것도 방법이다.

나는 이렇게 아낀 시간과 에너지로 큰 욕심을 부리지 않고 복리의 마법을 최대한 내려고 노력한다.

다시 본론으로 돌아가서 우리 남편의 질문에 나는 어떻게 대답했을까?

"오빠가 지금 팔지 말지 계속 수익이 궁금해진다면 팔아~"

결론적으로 남편은 해당 종목을 팔지 말지 망설이다 좀더 하락한 가격에서 결국 매도했다. 아쉽다! 어차피 팔 거 잔파도의 정점에서 팔았다면 더 좋았을 텐데……. 하지만 이후 잔파도의 하락을 맞아 무릎까지 빠져버린 주가였기에 그보다 높은 수익을 내고 매도한 결과이니 나쁘지 않다고 생각한다. 만약 어중간한 태도로 장기투자를 위해 버티고 있었다면 중/단기용의 엄청난 감정 소모를 계속하며 다시 상승 파도를 탈 때까지 오랜 시간 힘들었을 것이다.

상승장에는 주식투자한 사람들이 행복한 고민에 빠진다. 사둔 종목들이 생각보다 많이, 빠르게 올라서 높은 수익률에 쉽게 도달하기 때문이다. 몇 달 만에 이미 36%의 수익률인데, 장기투자를 하면 쉽게 200%, 300%까지 갈 것만 같다. 하지만 그럴 때일수록 잘 판단해야 한다. 내가 지금의 이 잔파도에서 내릴지, 앞으로 펼쳐질 눈, 비 가득한 큰 파도의 하락기를 버티고 더 큰 수익을 기대할지 말이다. 내가 지금 이 종목에 소비하는 감정이 초장기투자용인지, 중/단기 투자용인지 잘 구분한 뒤 만약 중/단기 투자용의 감정과 관심과 호흡을 갖고 있다면 작은 파도의 정점에서 매도하는 것을 추천한다. 이 종목에 얼마가 들어 있든, 이 종목이 어떤 파도를 맞아 어떤 상태이든 돌부처처럼 초연할 수 있다면 초장기투자도 가능하고 말이다.

같은 맥락에서 하락장에도 마찬가지다. 중/단기 투자용의 종목은 조금의 상승에도 익절에 만족하며 담백하게 매도한다. 과거 상승장에 비해 저조한 수익률에 너무 의기소침해하지 않는 것이 포인트다. 하지만 초장기투자의 종목들은 혹한의 하락장이 오히려 기회의 시기이므로 저렴한 가격에 즐겁게 매수하면 된다.

깨달음

해당 종목이 장기투자용인지, 단기투자용인지 구분해 감정을 쏟아라.

나만의 투자 레시피 만드는 방법

이른바 전문가들이 알려주는 정보에 지나치게 의존하는 투자자들이 있다. 전문가들이 알려주는 경제 지식이나 경제 전망에 대해 듣고, 참고하고, 어떤 전문가의 생각에 동의하는지 생각하는 것은 좋다. 하지만 어떤 종목이 좋다고 하면 무작정 사는 등 특정 종목 추천에 의존해 매번 주식투자를 하는 것은 길게 내다볼 때 바람직하지 않다. 오랫동안 주식으로 돈을 벌어 살아가려면 스스로 걷고 뛸 수 있어야 한다. 주식이라는 정글에서 스스로 걷고 뛸 수 있는 힘, 즉 나만의 투자방법이 있어야 지속 가능한 수익 구조를 만들 수 있다.

주식을 처음 시작했을 때 제대로 된 공부 없이 누군가의 정보에 의존했다가 큰 손실을 본 뒤 절대 남에게 '의존'하지 않겠다고 다짐하고 주식 공부를 시작했다. 그래서 나는 공부할 때도 대가들의 투자방식을 그대로 따라 하기보다는 그들이 어떤 생각과 과정으로 자기만의 투자방법을 구축했는지(HOW) 파악하려고 애썼다. 이 책에도 내가 어떻게(HOW) 공부했고, 어떻게(HOW) 투자하는지 세세하게 담으려는 이유도 물고기 잡는 법을 알려주기 위해서다.

걸음마를 배운다고 상상해보자. 처음에 아기들은 다 걷지 못한다. 기어다니다가 시간이 지나면 서서히 두 다리로 버티고 서서 한 발, 한 발 옮기면 된다는 방법을 터득하고 결국 혼자 걷기에 성공한다. 물론 걷는 시기는 아기마다 다르고 그 과정에서 수없이 넘어지고 울고 다칠 수도 있지만 말이다. 투자도 마찬가지다. 투자에 성공한 사람들의 책을 읽고 공부하면서 걸음마를 배우듯 투자의 올바른 방향과 방법을 익혀야 한다. 다만 그들이 걸을 때 몇 번째 발가락에 힘을 주는지, 손을 어떻게 흔드는지, 시선은 어디에 두는지 등의 디테일한 부분은 그대로 따라 하기보다 참고만 하고 나에게 맞게 흡수하면서 나만의 방식을 터득하면 된다.

주식시장에서 오래 살아남은 개인투자자들을 보면 큰 틀의 기본 진리는 비슷해도 각자 자신만의 투자방법이 있다. 여러 테스트를 통해 그 방법이 확실히 굳어지면 철저히 고수한다. 나 역시 나만의 투자방법이 있고, 심지어 시간대도 있다. 그리고 웬만해서는 그 루틴에서 벗어나지 않는다. 여러분도 이 글을 읽고 맞는 부분은 흡수하고 맞지 않는 부분은 변형해보기 바란다.

주식투자자는 변동성이 큰 주식을 다루어야 하기 때문에 매

순간 선택의 '기준'이 세워져 있지 않으면 혼란스러워 결국 뇌동매매를 하기 쉽다. 그런 의미에서 책으로 공부한 지식에 실전투자에서 쌓은 기초적 경험과 깨달음까지 더해진다면 공통 교육과정이라 할 수 있다. 추가적으로 어떤 시장 상황에서도 자신 있게 자신의 기조를 유지할 수 있는 투자 원칙(또는 방식)이 있다면 혼란스러운 상황에서도 흔들리지 않고 결정할 수 있을 것이다.

자기만의 투자 기준을 '투자 레시피'라 부르려 한다. 레시피를 정하려면 내가 어떤 것에 강하고 약한지를 잘 알고 있어야 한다. 다음 몇 가지 질문을 자문자답해본 뒤 차곡차곡 나만의 맞춤형 투자 레시피 데이터를 구축해보자.

- 과거 실전투자 경험에서 내가 좋아하는 종목은 무엇인가? 왜 좋아하는가?
- 내가 큰 수익을 낸 경우는 언제였고, 어떤 특징이 있는가?
- 내 눈에 잘 읽히는 차트는 어떤 공통점이 있는가?
- 내 이성적 판단이 흔들릴 때는 언제인가?
- 과거 투자 경험에서 나를 불안하게 만드는 종목(천적)은 무엇이고, 어떤 특징이 있는가?
- 내가 손해를 본 종목은 무엇이고, 어떤 특징이 있는가?

우리는 모든 분야를 통달할 수도 없고 그럴 필요도 없다. 내가 관심이 있고 흐름을 읽을 수 있는 분야는 철저히 강화하고 나를 흔들리게 하거나 잘 읽히지 않는 약한 분야는 투자하지 않으면 된다. 내가 어떤 것에 약한지조차 모르고 투자하는 경우도 문제지만 내가 약한 차트, 약한 종목을 알면서도 충동적으로 좋아 보인다고, 사람들이 열광한다고 덜컥 매수하는 것도 큰 문제다. 내가 모르는 판에 들어가면 두려움이 생기고 이성적 판단이 어려워져 손해볼 확률이 높다.

앞의 여섯 가지 질문에 스스로 답했다면 이제는 좀더 자세한 세부 사항을 쌓아나가보자. 어떻게 쌓아나가느냐고? 나와 잘 맞아서 수익을 냈던 종목들의 실제 사례를 계속 분석해 특징을 찾아내면 된다. 자신이 투자해 수익을 낸 종목 중에 눈에 제법 잘 읽히는 종목이 있다면 그것이 일명 나와 궁합이 잘 맞는 종목이다. 그런 종목은 신기하게도 한 번의 수익으로 그치는 것이 아니라 두번째, 세번째도 수익을 안겨주는 경우가 있다. 그런 종목과 비슷한 류의 종목을 찾아내는 것이 나만의 투자 레시피를 만드는 방법 중 하나다. 그런 종목이 다섯 종목에서 열 종목이 있다면 돌려가며 꾸준히 수익을 낼 수 있다.

만약 궁합이 맞는 종목을 아직 찾지 못했다면 앞의 여섯 가지 질문에 정확히 답할 수 있을 때까지 책으로 하는 공부 절차를 철저히 밟고 최소 단위의 소중한 종잣돈으로 주식시장에 여러 번 직접 부딪혀보아야 한다. 그렇게 실제 종목의 차트 중에 모양이 '본인에게' 안정적이고 그나마 예측 가능하다고 느껴지는 차트를 정하고 비슷한 차트의 몇몇 종목을 선정한 뒤 그중 재무가 튼튼한 우량주를 찾아 계속해서 관찰한다. 가끔 책을 너무 오래 보느라 실전투자를 늦게 시작하는 경우가 있는데, 책으로 어느 정도 공부하면 소액이라도 실전투자와 책 읽기를 병행하는 것이 좋다. 책도 좋지만 실전에서 경험을 쌓아나가면서 익히는 깨달음도 매우 중요하기 때문이다. 나는 실제로 이런 방법으로 종목들을 계속 관찰해 내가 참고하는 매수 조건을 뽑아낼 수 있었다.

종목 관찰방법

- 자기 눈에 잘 읽혀서 수익을 이미 맛본 종목이나 차트 모양이 '본인 눈에' 안정적이라 잘 읽히는 종목 등 종목 후보군을 선정한다.
- 오랜 기간 자주 거래할 것이기 때문에 재무 상태가 건전한 종목을 선택해야 한다.
- 종목들을 매일 관찰하며 기록한다. 종목 관련 뉴스와 그에 따른 주가 반응, 매매 동향, 차트, 거래량 등을 엑셀에 날짜와 현상을 함께 기록한다. 필요한 경우 그날의 차트까지 캡처해둔다.
- 두세 개 종목이 있으면 비교군이 생기기 때문에 공통 현상을 발견하기 쉽다.
- 종목들의 리듬을 계속 따라가다보면 고유의 리듬이 보일 것이다. 모든 현상을 100% 완벽하게 해석할 수는 없다. 다

만 그중에 반복적으로 보이는 현상을 찾아내자(예를 들어 바닥에서 긴 아랫꼬리는 좋다, 토론방의 분위기가 나빠지면 바닥에 다다랐다 등).

상한가 종목을 노트에 계속 필기하면서 주식을 공부하는 사람도 있다. 물론 그런 방법도 도움이 되겠지만 그 전에 한 번쯤 생각해야 할 포인트가 있다. "당신이 정말로 상한가를 치는 종목을 잘 찾아내는 스타일인가?" 하는 질문이다. 상한가 종목 공부는 당신이 상한가를 잘 예측하고, 잘 잡아내는 성향일 때 효과적이다. 그런데 만약 당신이 바닥을 잘 잡아내는 스타일이라면 상한가 추적을 공부한 뒤 상한가 종목을 찾아내려 해도 흔들림 없는 매수를 하기는 쉽지 않을 것이다. 눈에 잘 보이지 않아 확신이 없기 때문이다. 사람마다 잘 보이는 것이 다르다. 그러므로 남들이 한다고 무작정 따라 하지 말고 내 성향과 투자 취향부터 파악해야 한다.

나는 내가 잘 아는 차트 모양, 잘 아는 상태, 잘 아는 분위기만 매수한다. 경험상 내 눈에 읽히지 않는 종목은 백날 필기하고 공부해도 안정적 수익으로 통제하기 힘들었다. 그래서 나는 내가 아는 것만 하고 모르는 것은 아예 신경쓰지 않는다. 그렇다면 그런 종목이 없는 날은 어떻게 할까?

매수하지 않는다. 차라리 보유 종목들에 비중을 좀더 싣거나 현금을 그대로 보유한다. 워런 버핏의 유명한 명언 중 이런 말이 있다. “나는 넘지도 못할 7피트 장대를 넘으려고 애쓰지 않는다. 나는 내가 쉽게 넘을 수 있는 1피트 장대를 주위에서 찾아본다.”

절절히 공감 가는 말이다. 부끄럽지만 과거의 나는 내 한계가 어디쯤인지 전혀 몰랐다. 7피트, 8피트 아니 하늘 끝까지 뛰어넘을 기세로 이 종목, 저 종목 덥석덥석 매수했다. 내가 잘 모르고 감당도 안 되는 종목에 내가 잘 모르는지도 모르는 상태로 뛰어들었다. 그 결과는 당연히 남들이 흔히 말하는 ‘도박과 같은’ 주식의 승률이다. 따거나 잃거나.

워런 버핏의 말처럼 내가 넘지도 못할 7피트 장대를 넘기 위해 욕심을 내기보다 내가 쉽게 넘을 수 있는 1피트 장대를 일곱 번 넘는 것이 좋다. 그러려면 먼저 내가 넘지 못하는 장대의 높이를 알아야 함과 동시에 몇 피트까지는 쉽게 넘는지도 알아야 한다. 그리고 그 결과를 바탕으로 내가 쉽게 넘을 수 있는 1피트의 장대들을 찾아내 계속해서 넘는 것이다.

깨달음

내가 무엇을 잘하는지, 무엇을 피해야 하는지 정확히 알고 나만의 투자 레시피를 만들어나가야 한다.

그래서 대체 어떤 종목을 삽니까?

앞에서 주식투자로 월급을 벌고자 할 때 필요한 공부와 투자 그릇 키우기, 종잣돈 모으기, 매수/매도 방법에 대해 살펴보았고, 마지막으로 자신만의 투자 레시피를 만들어나가는 방법도 알아보았다. 이쯤 되면 이 질문이 나오지 않을 수 없다.

"그래서 대체 이평화씨는 어떤 종목을 삽니까?"

물론 나도 종목을 매수할 때 참고하는 여러 조건이 있다. 그동안 수많은 종목을 스토킹하며 쌓아온 나의 투자 레시피 데이터들 말이다. 여기서 공통적으로 적용할 수 있는 몇 가지를 풀어보려 한다. 시작하기에 앞서 강조하고 싶은 두 가지가 있다. 첫째, 이 책에서 처음부터 끝까지 열거하는 주식 공부와 심리적·기술적 이해 없이는 다음 조건들이 꾸준한 투자 수익에 도움이 되지 않으리라는 점이다. 그러므로 책을 끝까지 다 읽고 반드시 공부해야 한다. 둘째, 이것은 나의 스타일에 맞는 것이기에 모든 사람에게도 잘 맞다고 단정할 수 없다는 점이다. 맞지 않는다면 아무리 인위적으로 적용하려 해도 적용이 잘 안 될 것이다. 그런 경우 이런 항목을 이렇게 관찰했구나 또는 이렇게 자신만의 기준을 정해두고 투자하는구나로만 참고하고 이 책 내용을 참고해 직접 투자 레시피를 만들어나가면 된다.

상장 폐지 가능성 체크
— 마지막 불꽃놀이는 피하는 것이 상책

'한경 경제용어사전'에 따르면 상장 폐지란 "상장된 유가증권이 증권시장에서 자격을 상실해 상장이 취소되는 것을 말한다. 증권시장에 상장되어 있는 유가증권 중 당해 발행회사의 기업 내용 등에 중대한 사태가 발생하여 투자자에게 손실을 입힐 우려가 있거나 증권시장의 신뢰를 상실하게 할 우려가 있을 경우 상장심사위원회의 심의를 거쳐 상장을 폐지한다. 상장 폐지 요건에는 사업보고서 미제출, 감사 의견 거절, 영업 정지, 부도 발생, 자본 잠식, 주식 분산 미달 등이 있다."

주식투자를 할 때 상장 폐지만큼 무서운 것이 또 있을까? 투자 판단 실패로 특정 종목에 장기간 물리게 되는 경우에도 상장 폐지만 되지 않는다면 희망은 있다. 하지만 상장 폐지가 된다면 말 그대로 주식이 종잇조각이 되는 것이기 때문에 상장 폐지는 피하는 것이 상책이다. 상장 폐지를 100% 예측할 수는 없지만 그래도 요즘은 상장 폐지 종목을 가려내는 방법, 상장 폐지 위기

기업, 예상 기업도 검색해보면 쉽게 리스트를 볼 수 있다. 그러므로 오픈된 정보들을 참고해 최대한 조심해서 투자해야 한다.

나는 감사하게도 아직 한 번도 상장 폐지를 당해본 적은 없는데, 초보투자자 시절 무턱대고 위/아래 변동 폭이 큰 부실한 작전 종목에 들어갔다가 상장 폐지 직전에 빠져나온 경험이 있다. 상장 폐지 직전 마지막 불꽃놀이(기업의 가치에 부합하지 않는 주가 급등)를 화려하게 하는 종목이 종종 있는데, 당장 눈앞에 보이는 급등에 매혹되어 덜컥 매수하면 안 된다. 나는 그때의 지옥 같던 경험으로 인해 재무가 지저분하고 회사에 소음이 많아 위태로워 보이는 종목 그 특유의 마지막 불꽃놀이(재무상, 재료상 그 상승의 정도가 적합하지 않는데도 지나치게 주가가 상승하며 개인투자자들의 이목을 집중시키고 탐욕을 불러일으켜 투기를 유발하는 종목)에는 투자하지 않는다. 가끔 '일시적' 상승이 너무나 명백해 소액으로 하루, 이틀 단기투자를 할 법한 경우도 과거의 그 트라우마 때문에 불안감을 억제하기가 힘들다.

그래서 지속적으로 당기순손실이 발생해 자본 잠식이 심화되거나 전환사채(convertible bond : CB)/신주인수권부사채(Bond with Warrant : BW)를 계속 발행하고 불성실 공시가 빈번한 종목들은 아무리 투심을 자극하며 본 가격에 맞지 않는 급등을 이어나가도 매수하지 않는다. 그런 의미에서 가격 급등이 심한 종목, 특히 부실한 작전주는 최대한 피하고 장기투자하지 않는다. 내가 세력이 있는 곳을 찾아간다고 해서 작전주를 한다는 의미가 아니라는 것을 다시 한번 강조하고 싶다. 작전주는 도박이나 투기와 비슷하다. 내가 말하는 세력은 해당 주식을 자금과 시간을 들여 의도를 갖고 계속해서 매수하는, 주가에 영향을 줄 수 있는 **나보다 정보가 빠른 큰 집단**을 말한다. 그리고 그런 존재가 매수하는 **우량한** 종목을 따라서 매수하는 것이다. 우리가 흔히 여기는 작전주처럼 재무 상태가 나쁘고 성장 가능성도 없는데 억지스러운 테마로 엮어 순식간에 몇 배씩 급등시키며 사람들의 탐욕을 불러일으키고 다시는 재기할 수 없을 정도로 폭락해 종잇조각을 만들며 빠져나가거나 상장 폐지가 되는 종목과는 다르다. 그런 롤러코스터 같은 종목은 현재 아무리 인기가 있다고 해도 투자하지 말아야 한다. 혹여 우연히 매수한 종목이 롤러코스터 작전주라면 욕심내지 않고 첫 수익에 매도하고 빠져나온다.

마지막으로 아무리 조심한다고 해도 모든 상장 폐지를 100% 예측할 수 없기 때문에(직원의 횡령 같은 리스크는 미리 알 방도가 없다) 반드시 '분산투자'한다. 한 종목에 올인하는 투자는 리스크 관리가 안 된다. 한국거래소(KRX) 홈페이지를 보면 상장 폐지 조건을 코스피와 코스닥으로 나누어 자세히 설명해놓았다. 〈그림 10〉의 붉은색 상자를 순서대로 클릭하면 자세히 나와 있으므로 상장 폐지 종목은 최대한 피해서 투자하기를 바란다.

그림 10

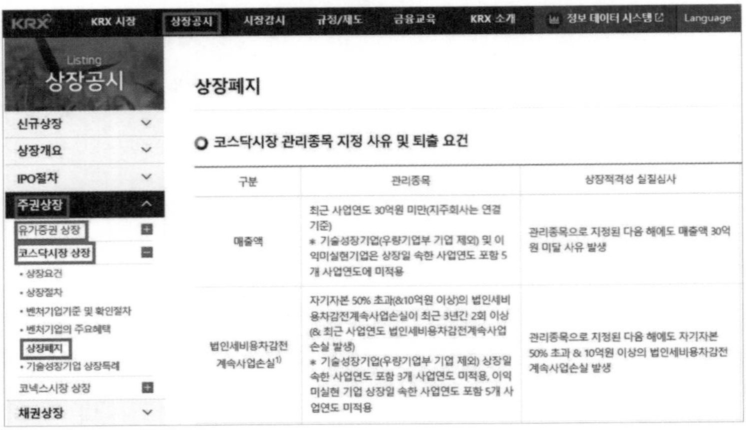
KRX | KRX 시장 | 상장공시 | 시장감시 | 규정/제도 | 금융교육 | KRX 소개 | 정보 데이터 시스템 | Language

Listing
상장공시

- 신규상장
- 상장개요
- IPO절차
- 주권상장
  - 유가증권 상장
  - 코스닥시장 상장
    - 상장요건
    - 상장절차
    - 벤처기업기준 및 확인절차
    - 벤처기업의 주요혜택
    - 상장폐지
    - 기술성장기업 상장특례
  - 코넥스시장 상장
- 채권상장

상장폐지

○ 코스닥시장 관리종목 지정 사유 및 퇴출 요건

구분	관리종목	상장적격성 실질심사
매출액	최근 사업연도 30억원 미만(지주회사는 연결기준) * 기술성장기업(우량기업부 기업 제외) 및 이익미실현기업은 상장일 속한 사업연도 포함 5개 사업연도에 미적용	관리종목으로 지정된 다음 해에도 매출액 30억원 미달 사유 발생
법인세비용차감전계속사업손실[1]	자기자본 50% 초과(&10억원 이상)의 법인세비용차감전계속사업손실이 최근 3년간 2회 이상(& 최근 사업연도 법인세비용차감전계속사업손실 발생) * 기술성장기업(우량기업부 기업 제외) 상장일 속한 사업연도 포함 3개 사업연도 미적용, 이익미실현 기업 상장일 속한 사업연도 포함 5개 사업연도 미적용	관리종목으로 지정된 다음 해에도 자기자본 50% 초과 & 10억원 이상의 법인세비용차감전계속사업손실 발생

차트
— 내가 좋아하는 모양만 거래한다

나는 내가 잘 다루는 몇몇 모양의 차트를 정해두고 그와 비슷한 모양의 차트를 집중적으로 매수한다. 특히 〈그림 11~14〉와 같은 모양의 차트에 재무가 건전하고 미래가치가 있는 우량주를 가장 좋아한다. 다음에 나열된 차트들은 내가 실제로 거래한 종목들이며 모두 수익을 실현했다.

〈그림 11~14〉에서 보듯 나는 천천히 하락하며 개인투자자들을 지치게 하는 종목을 좋아한다. 보통 이런 종목은 빠르게 요동치지 않는다. 몇 달간 천천히, 끝까지 주가를 내리는데 차트에서 보듯 내려오는 경사면이 푸른빛을 띠며 몇 달간 끌려내려온다. 그 길고 긴 시간 동안 개인투자자들은 희망에 찼다가 분노했다

그림 11

그림 12

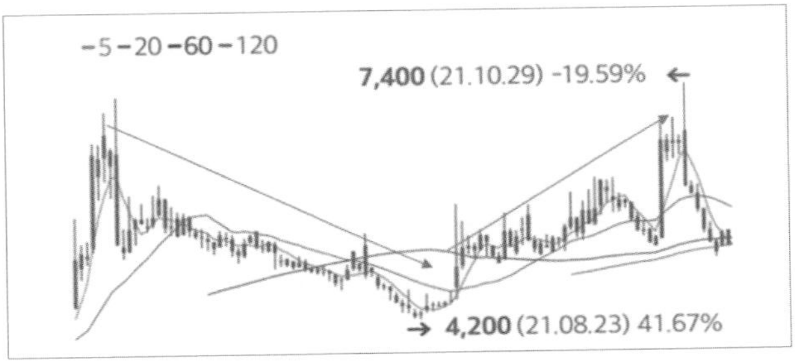

그림 13

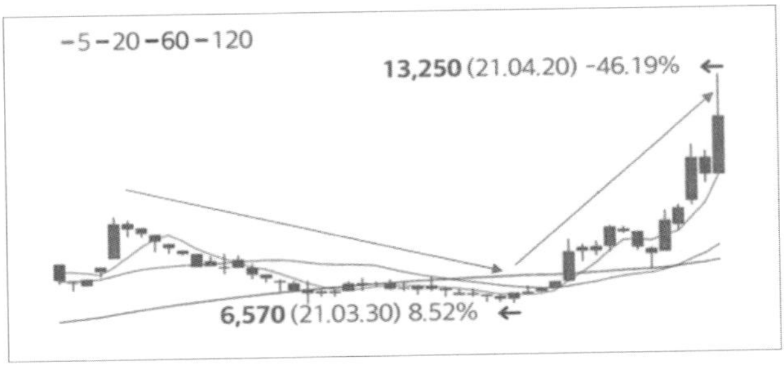

그림 14

가 또 기도도 해보고 결국에는 모든 것을 내려놓고 포기한다. 그러는 동안 나는 "산은 산이요, 물은 물이로다"를 외치며 종목을 관망한다. 그리고 어느 시점이 오면 종목의 분위기가 서서히 바뀌며 상승하기 시작하는데, 그 포인트에 매수에 들어가며 물량을 키워 수익을 보고 담백한 매도를 통해 빠져나온다.

여기서 유념해야 할 포인트는 끌려내려오는 기간이 지나치게 긴 초장기 하락 종목은 매수하지 않는다는 점이다. 너무 오래 하락하는 종목은 상승 시도시 들어가는 힘도 커야 하고 시간 소모가 많아 투자 효율이 떨어지기 때문이다. 대부분의 투자자가 지치는 정도의 시기에 힘이 살아 있는 종목이면 좋다. 하지만 그런 종목을 찾는다고 해도 앞에서 공유한 **매수기술**이 없어 장기 하락 직전, 즉 고가에 보유 금액의 70% 이상을 투입하고(탐욕) 초기 하락 때 물을 타서(불안감) 평균 매수단가와 투자금 덩치가 너무 커져 있다면 주가가 바닥에 닿고 상승을 시작할 때 빠져나오고 싶어도 이미 평단이 너무 높고 덩치도 커서 빠져나오기 힘들 것이다. 그렇게 되면 평생 물릴 수도 있다. 이 사소한 차이에서 같은 종목을 사도 누군가는 돈을 벌지 못하고, 누군가는 돈을 버는 차이가 발생한다. 그래서 반드시 매수 충동을 통제하고 이성적으로 자신의 투자 그릇을 컨트롤할 수 있는 **투자 그릇 키우기와 매수기술**이 있어야 이 차트도 의미가 있다. 또한 해당 종목이 재무 상태가 건전하고 상장 폐지 가능성이 낮으며 장기 가치투자자들이 보아도 좋은 탄탄한 기업이어야 좋다. 적당히 잔파도의 수익을 본 내가 팔고자 할 때 내 주식을 사줄 다음 투자자(더 큰 파도를 보고 들어오는 장기투자자)가 있어야 하기 때문이다.

이런 차트 모양의 종목을 매수할 때 주의해야 할 점은 계속해서 하락하는 종목 중 내부에 치명적인 악재가 있는 종목이다. 그러므로 매수 전 나보다 정보가 빠른 세력(집단)이 보이며 종목의 파동이 어느 정도 안정적이고 내부의 치명적 악재로 인한 하락이 아닌 반복적인 파동 내에서 하락기에 접어든 종목을 찾는 것이 좋다.

내가 좋아하는 또 하나의 차트 요소를 살펴보자.

〈그림 15~16〉과 같이 나는 횡보 국면에서 윗꼬리가 반복적으로 길게 뻗어나가는 종목도 좋아한다. 이런 종목들을 찾아보면 제법 많은데, 윗꼬리의 출현이 반복적이고 잦다면 일주일 이내 단타로 급등시 파는 방법도 종종 쓴다. 늘 강조하지만 초장기투자를 할 것이 아니라면 '매도는 담백하게!'가 나의 신조다. 오르면, 판다!

▶ 차트를 참고한 매매라고 해서 차트만 보고 매수하는 것은 아니다. 해당 종목의 재무 건전성 미래가치와 같은 일반적인 가치투자자들의 투자 요소도 기본적으로 확인하고, 적합한 종목들을 **차트상 좋은 타이밍**에 매수한다. 그런 참고 요소는 앞에서 설명한 기본서와 신문을 충실히 공부하면 알 수 있다.

그림 15

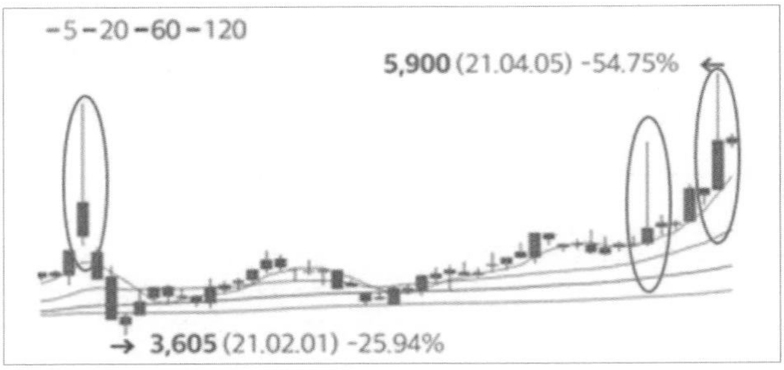

그림 16

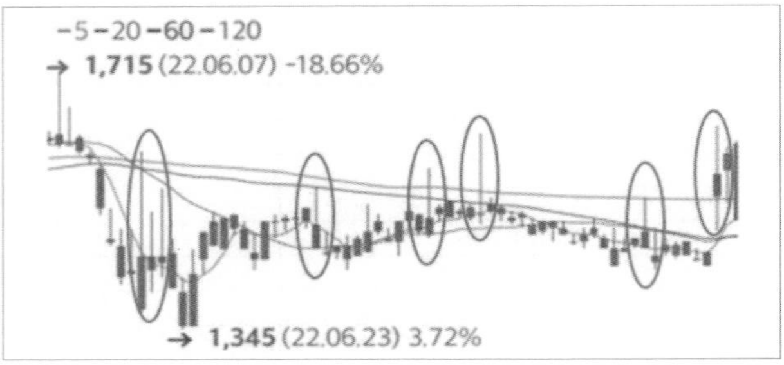

핵심 투자지표
— 간단히 생각하면 된다

주식투자를 공부하다보면 PER 10 이하, PBR 1 이하, ROE 15% 이상 등과 같은 투자지표에 대한 말을 자주 접한다. 특히 EV/EBITDA와 같은 단어는 직장생활할 때부터 많이 쓰던 단어였지만 당시에는 정확한 뜻에 딱히 관심도 없었고 깊이 알고 싶지도 않았다. 하지만 주식 공부를 하면서 투자 지표에 대한 이해는 기본이었기에 공부할 수밖에 없었다. 골치 아픈 것을 싫어하는 나로서는 기본서에서 복잡한 투자지표 부분을 만났을 때 마치 끝없이 펼쳐지는 광활한 바다를 보는 듯했다. '와…… 이걸 다 외워야 하나?' 싶은 마음에 주식 공부가 하기 싫어지기까지 했다. 그리고 투자전문가들마다 즐겨 참고하는 지표들이 다르기 때문에 실전투자에서 어떤 것을 보아야 할지 혼란스러웠다.

하지만 지금은 투자 종목 선정시 무엇보다 간단하지만 필수적으로 확인하는 조건이 되었다. 앞의 기본서 공부하기 순서를 잘 따라왔다면 아마도 기본서에서 이미 투자지표의 자세하고도 전문적인 설명을 보았을 것이다. 처음 공부할 때는 기본을 이해하기 위해 자세히 보아야 하겠지만 이해하고 나면 간단히 **결괏값**만 기억해도 충분하다. 여기서 강조하고 싶은 점은 투자자마다 참고하는 지표가 다르고 철학도 다른데, 나는 직접 계산해서 도출하지 않고, 깊게 파지 않으며, 증권사 MTS에서 결괏값만 확인하므로 수치가 높은 것이 좋은지, 낮은 것이 좋은지 정도만 이해한다는 것이다. 그리고 내 나름의 고심 끝에 선정한 몇 가지 지표만 참고한다. 먼저 몇몇 핵심 투자지표의 뜻을 살펴보자.

- **EPS**(Earning Per Share) : **주당순이익**

기업의 순이익(당기순이익)을 발행 주식 수로 나눈 값. 즉 1주가 1년간 벌어들이는 순이익금으로 **높으면 좋다**.

- **PER**(Price Earning Ratio) : **주가수익비율**

현재 주가가 1주당 수익(EPS)의 몇 배가 되는지를 나타내는 지표로 주가를 EPS로 나눈 것. **PER는 낮으면 주가가 저평가**, 높을수록 고평가되어 있다고 본다. 그런데 일반적으로 PER 10 이하를 투자가치가 있는 수치로 보지만 그 PER 값 역시 사람마다 적절하다고 여기는 수치가 조금씩 다르며 산업군마다, 기업마다 적정 PER의 수치도 다르므로 PER 10 이하가 모든 투자 종목에 적용되는 절댓값은 아니다. 그러므로 경쟁회사의 PER 또는 업종 평균 PER와 상대 비교해보는 것이 좋다.

- **BPS**(Book Value Per Share) : **주당순자산가치**

기업의 순자산(총자산-부채)을 발행 주식 수로 나눈 것. 기업이 활동을 중단한 뒤 그 자산을 주주들에게 나누어줄 경우 1주당 얼마씩 배분되는가를 나타내는 것으로 **BPS는 높을수록 좋다.**

- **PBR**(Price Book Value Ratio) : **주가순자산비율**

주가를 BPS로 나누어 주가와 주당순자산을 비교한 값. 즉 주가가 주당순자산에 비해 1주당 몇 배로 거래되고 있는지를 측정하는 지표다. PBR 값이 1 이하면 주가가 주당순자산가치보다 낮다는 뜻으로 청산가치에도 못 미칠 만큼 낮다고 볼 수 있어 **PBR는 낮으면 좋다.**

- **ROE**(Return On Equity) : **자기자본이익률**

당기순이익을 자기자본으로 나눈 뒤 100을 곱하여 구한 것. 자기자본 운영이 얼마나 효율적으로 이루어졌는지 반영하는 지표로 만약 ROE가 10%면 100억 원의 자본을 투자했을 때 10억 원의 이익을 냈다는 것을 보여주며, ROE가 20%면 100억 원의 자본을 투자했을 때 20억 원의 이익을 냈다는 의미다. 따라서 ROE가 높은 종목일수록 자본을 효율적으로 사용해 이익을 많이 내는 기업으로 볼 수 있어 **높은 것이 좋다**.

- **ROA(Return On Asset) : 총자산순이익률**

이익을 총자산(자기자본+부채)으로 나눈 뒤 100을 곱하여 구한 것. 기업이 자산을 얼마나 효율적으로 운용했느냐를 나타내는 지표다. 일반적으로 **ROA가 높을수록** 수익성이 큰 기업으로 볼 수 있다.

- **EV/EBITDA**

기업의 시장가치(EV : Enterprise Value)를 세전영업이익(EBITDA : Earnings Before Interest, Tax, Depreciation and Amortization)으로 나눈 값. 기업가치가 영업활동을 통한 이익의 몇 배인가를 알려주는 지표다. 예를 들어 EV/EBITDA가 세 배라면 그 기업을 시장가치(EV)로 매수했을 때 그 기업의 세전영업이익(EBITDA)을 3년간 합하면 투자 원금을 회수할 수 있다는 의미다. **숫자가 작을수록 저평가**되었다고 볼 수 있다.

"주식투자를 하면 낮은 PER에 투자하라"라는 말을 자주 접한다. 또 "ROE와 ROA를 함께 보아라", "1 이하의 PBR에 투자하는 것이 좋다"는 말도 흔히 본다. 심지어 앞의 투자지표 목록에서 언급하지 않은 투자지표들도 있으며 투자자마다 참고하는 부분도 다르고 중요하게 여기는 내용도 다르다. 그래서 자신이 중요하다고 여기는 지표들을 선별해 투자한다. 어떤 투자자들은 직접 계산하기도 하고, 또 나처럼 남이 계산해둔 결괏값을 보며 투자 여부만 간단하게 참고하기도 한다. 이 지표들을 어디까지 활용하는가? 나는 딱 세 가지만, 그것도 굉장히 간단하게 살펴본다.

먼저 내가 주로 보는 것은 ROE(부채를 포함한 ROA는 덤으로), PER, PBR다. 기업이 이익을 내는 힘을 보는 ROE와 주가가 고평가되어 있는지 여부를 확인하는 PER와 PBR를 살펴본다. 그중 PER는 절대적 수치보다는 업종 평균 PER, 그리고 경쟁사 PER와 비교하는 형식으로 보는 것이 좋다. 나는 PER보다 PBR를 더 유심히 보는데, PBR는 앞의 PBR에 대한 설명에서 살펴본 바와 같이 그 값이 1 이하면 주가가 저평가되어 있는 가격이라고 볼 수 있다. 그래서 많은 사람이 PBR가 1 이하인 종목에 투자한다. 하지만 나는 PBR가 1 이하라고 무조건 좋다고 여기지 않는다.

다음 예를 살펴보자.

여기 A와 B라는 종목이 있다. A의 PBR 값은 0.73이고 B의 PBR 값은 1.95다. 물론 실전투자에서는 최종투자 결정에 '다른 요소'도 충분히 고려되어야 하지만 다른 조건은 거의 다 비슷하고 남은 조건이 PBR 하나라고 가정해보자. 두 가지 중 한 종목에 투자하려 한다. 어떤 종목에 투자하는 것이 좋을까? 단순히 PBR 값이 1보다 적으면 저평가이므로 PBR 값이 0.73인 A종목에 투자 메리트가 있다고 생각하는가?

의아하겠지만 나의 선택은 B종목이다.

표 1 A, B종목의 6년간 PBR 값 변화						
	2012	2013	2014	2015	2016	2017
A 종목	0.72	0.82	0.73	0.70	0.72	0.73
B 종목	2.30	2.60	2.45	2.71	2.50	1.95

Q : 나는 A와 B의 XXXXXX를 살펴본 뒤 B를 선택했다. 여기서 XXXXXX는 무엇일까?

A : XXXXXX는 바로 '과거 PBR 값'이다.

이 종목들의 과거 6년간 PBR 값 변화는 〈표 1〉과 같다. 어떤 종목에 투자 메리트가 있다고 보는가?

물론 이 과거 PBR의 움직임을 보고도 1보다 적은 저평가 종목, 즉 A종목을 선택할 수도 있다. 사람마다 성향이 다르듯 투자 판단도 제각각일 수밖에 없다. 6년간 저평가되었던 A종목이 갑자기 2018년부터 시장의 관심을 받고 급등할 가능성도 있다. 하지만 나는 6년간 유지되어온 관성적 파동을 깨기보다는 그 파도를 타는 편이 유리하다고 생각한다. 특히 더더욱 다른 조건이 거의 비슷해 선택을 결정할 최종 한 가지 포인트로 PBR를 본다면 말이다.

현재 주어진 요건 PBR만을 보고 판단하는 것이므로 여기에 집중해보자. 나의 경우 초장기투자로 접근하는 종목을 제외하고 대부분 최단 일주일에서 최장 1년 정도의 보유 기간을 두고 투자하는 스타일로 각 종목마다 존재하는 가격의 유리천장을 뚫고 날아갈 가능성보다 그 안에서 횡보하는, 즉 평범하거나 최악의 상황을 고려한 투자를 한다. 횡보한다는 가정하에 그 파동 내에서도 수익권인 상태에서 매수해 유리천장을 뚫지 못한다고 해도 수익이며, 또 기적적으로 신고가를 뚫고 날아가준다면 더 좋은 일일 뿐인 케이스를 만드는 것이다. 그런 관점에서 나는 평소 PBR 형성대가 2.0 이상을 유지해오던 B종목이 왜 2017년에 1.95로 떨어졌는지 살펴보고 치명적 리스크가 아니라 파동의 일부면 B종목을 매수할 것이다. 주식은 회귀하는 성향이 있기 때문이다. 앞의 예는 이해를 돕기 위한 가상의 PBR고 만약 PBR 지수가 1 이하이면서 외부 요인에 의한 일시적 하락으로 과거 PBR와 비교해도 파동의 하단부에 위치한 종목이 있다면 더할 나위 없이 좋은 PBR 조건이라 볼 수 있다.

ROE의 경우 보통 ROE 15% 이상의 종목이 좋다고 한다. 나도 ROE가 두 자릿수 이상 수년간 꾸준히 이어져오는 종목을 좋아한다. 하지만 ROE는 부채를 만들어 사업을 확장하는 기업은 가려내지 못하기 때문에 ROA를 함께 보면서 종합적으로 판단하는 것이 안전하다. 나는 이런 투자지표를 직접 계산하지 않고 간단하게 MTS를 통해 그 결괏값만 확인한다. 당해는 물론 최근 2년에서 5년의 전체적인 흐름도 함께 참고해 보기 때문에 그 정도의 정보만으로도 투자하는 데 불편함이 없다. 내가 이용중인 미래에셋대우 MTS를 예로 보면 다음과 같다. 〈그림 17〉과 같이 MTS 해당 종목의 기업/재무 정보 항목에 친절히 나와 있고 연

그림 17

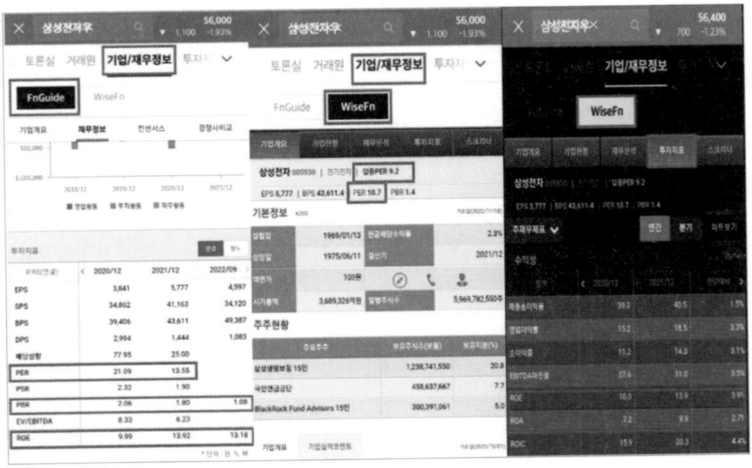

도별로 확인이 가능하므로 손쉽게 살펴볼 수 있다.

훨씬 더 다양하고 전문적인 지표들을 참고하는 투자자도 많겠지만 투자지표는 이 정도만 참고해도 내가 전업투자자로 살아가는 데 큰 불편함이 없다. 어떤 지표들을 어느 정도까지 이용할지 선택은 각자의 몫이다.

투자자별 매매 동향
— 너는 누구냐, 정체를 밝혀라!

앞서 나는 특정 매수 주체가 의도를 갖고 매수하는 것이 보이는 종목을 즐겨 투자한다고 반복적으로 언급했다. 그럼 그 특정 매수 주체가 의도를 갖고 매수한다는 것을 어떻게 추측할 수 있

그림 18

거래원 기업/재무정보 **투자자별** 매매현황

수량(주) 금액(백만) 3개월 합계

일자	사모펀드	기타법인	기타외국인
합계	0	+37,291	+1,593
2022/09/23	0	+4,438	0
2022/09/22	0	+825	+46
2022/09/21	0	+549	-170
2022/09/20	0	0	0
2022/09/19	0	+1,485	0
2022/09/16	0	+9,155	0
2022/09/15	0	+2,027	0
2022/09/14	0	+2,329	0

을까? 나는 투자자별 매매 동향, 거래원을 확인한다. 실제 MTS 화면을 보자.

MTS의 투자자별 항목에 들어가면 왼쪽부터 차례로 개인, 외국인, 기관계, 금융투자, 보험…… 기타 외국인까지 다양한 투자자별 매매 동향을 볼 수 있다. 여기에서 나는 〈그림 18〉과 같이 특정 매수 주체가 꾸준히 계속해서 매수하는 종목을 좋아한다. 반복적인 행동을 한다는 것은 의도와 의지를 갖고 하는 행동이라 볼 수 있다. 그런 의미에서 해당 종목에 의도와 의지를 갖고 있는 어떤 주체가 있다는 사실만으로도 '없는 것'보다는 낫다고

그림 19

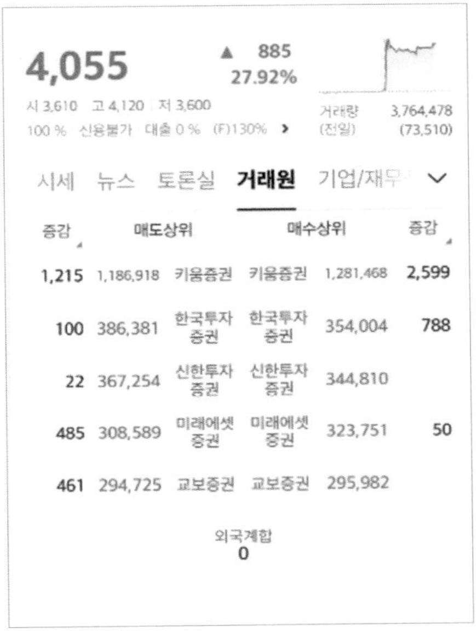

여긴다.

MTS의 거래원 항목에 들어가면 〈그림 19〉와 같이 현재 거래를 진행하고 있는 매도 상위 5와 매수 상위 5를 볼 수 있다. 거래원은 주로 장중에 특이한 현상(급등 또는 급락 등 평소와는 다른 이상한 상황)이 일어났을 때 확인한다. 거래원을 확인해 예와 같이 마치 짜고 치는 듯한 좌우대칭 움직임이 보이면 의도를 가진 누군가가 있다고 생각한다. 다시 한번 말하지만 의도와 의지를 갖고 있는 어떤 주체가 있다는 것만으로도 나같이 정보력이 약한 개미의 입장에서는 '없는 것'보다는 낫다고 여긴다.

보조지표
—신세계를 경험하다

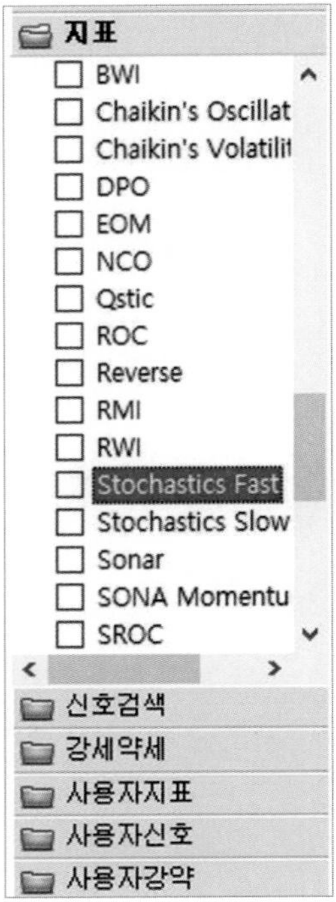

그림 20

주식을 책으로 본격적으로 공부하면서 인상 깊었던 것 중 하나를 꼽으면 '보조지표'였다. 부끄럽지만 공부 없이 무턱대고 주식투자를 했을 때는 그 존재조차 몰랐다. 책에서 그 존재를 알고 '이런 게 있다니!' 하며 깜짝 놀랐던 기억이 난다.

〈그림 20〉은 HTS 화면 일부인데, 보는 바와 같이 보조지표의 종류는 정말 다양하다. 주식 트레이딩 시스템에 들어가면 지표, 신호 검색, 강세약세라고 되어 있는 곳에 다양한 참고 가능한 지표가 있다. 〈그림 20〉만 보아도 벌써 열 개 이상의 지표가 나열되어 있지 않은가(심지어 아래쪽에 더 있다). 어떤 지표를 사용할지에 대한 정답은 없다. 마치 사람마다 맞는 화장품 브랜드를 찾듯 보조지표 역시 자신에게 맞는 지표를 잘 찾아내는 것이 중요하다. 그럴 때 있지 않은가. 누군가가 명품 화장품이 잘 맞다고 추천해서 비싼 돈 주고 샀는데 의외로 내 피부에는 맞지 않고, 오히려 중저가 알로에 화장품이 찰떡같이 더 잘 맞는 경우 말이다. 그것처럼 다양한 보조지표 중에 자신에게

잘 맞는 지표를 골라내는 것이 중요하다.

유명한 보조지표 중에 Stochastic Fast&Slow라는 지표가 있다. 모멘텀 지표 중 하나인데, 경제TV에 늘 출연하는 유명한 투자전문가도 즐겨 참고하는 지표다. 나도 처음에는 여러 책에서도 다루고 추천하는 사람도 많아 해당 지표를 참고했는데, 나한테는 맞지 않았다. 그 지표의 움직임을 보는 동안 차분함은 사라지고 오히려 더 불안해졌다. 그래서 지금은 더이상 참고하지 않는다. 따라서 지표도 사람마다 맞는 것이 모두 다르다는 것을 느낀다. 자신에게 맞는 지표를 골라내는 방법은 간단한데, 먼저 기본서를 보면서 보조지표에 대해 공부한 뒤 직접 HTS를 켜서 하나하나 클릭해보는 것이다. 어렵지 않지만 지겨운 절차다.

내가 매수 전 반드시 참고하는 지표는 MACD다. 워낙 유명하고 기본서에 거의 대부분 언급되어 있는 지표라 기본서를 공부한 사람이면 어렵지 않게 이해하고 사용할 수 있다. MACD는 움직임이 사람을 초조하게 만들지 않고 또 추세의 변화를 알아볼 때 참고하는 지표이기에 투자할 때 많은 도움이 된다. 그렇다면 MACD를 어떤 방식으로 매매에 참고할 수 있을까? 먼저 MACD를 켜야 한다.

켜는 방법은 간단하다. 〈그림 21〉처럼 클릭 몇 번으로 켤 수 있다. 차트 아랫부분에 MACD 그래프가 나오는데, MACD는 두 개의 곡선, 즉 MACD 곡선과 시그널 곡선이 서로 교차하는 모양새를 보며 판단한다. 이해를 돕기 위해 다음의 MACD 정의

그림 21

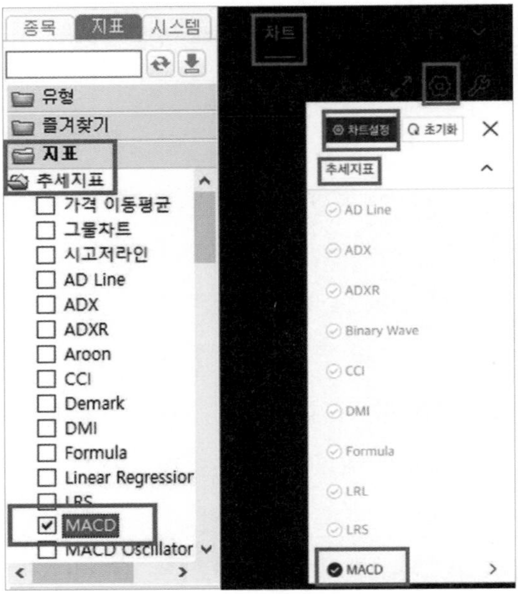

일부를 '두산백과 두피디아'에서 살펴보자.

> MACD는 크게 MACD 선과 시그널 선(signal line)으로 구성된다. MACD 선은 단기 지수이동평균과 장기 지수이동평균의 차이로 구해지며 일반적으로 단기 이동평균선의 경우 12일, 장기 이동평균선의 경우 26일이 이용된다. 단기 지수이동평균이 장기 지수이동평균보다 위쪽에 위치하면 MACD 선은 양수가 되고 이것은 주가가 상승하는 신호로 여겨진다. 반대로 단기 지수이동평균이 장기 지수이동평균보다 아래쪽에 있으면 MACD 선은 음수가 되고

그림 22

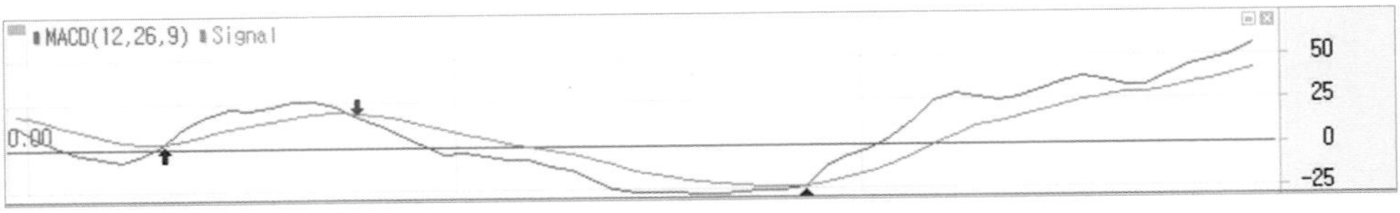

이것은 주가가 하락하는 신호로 여겨진다.

시그널 선은 일정 기간 동안의 MACD 지수 이동평균으로 정의되며 일반적으로 MACD의 9일 지수이동평균이 이용된다. 즉 12일 동안의 지수이동평균과 26일 동안의 지수이동평균을 구한 후 이들 간의 차이를 다시 9일 동안의 지수이동평균으로 산출하는 것이다. MACD 선과 시그널 선이 교차하는 시점이 바로 단기 이동평균과 장기 이동평균 간의 차이가 가장 큰 것으로 간주된다. 그래서 MACD 선이 시그널 선 위로 올라가게 되면 MACD가 9일 동안의 평균보다 높게 형성되었다는 의미이므로 매수 신호, 반대로 MACD 선이 시그널 선 아래로 내려가게 되면 MACD가 9일 동안의 평균보다 낮게 형성되었다는 의미이므로 매도 신호로 해석된다.

한 번 더 간단하게 설명하면 빨간 화살표가 뜨면 매수 시점이고, 파란 화살표가 뜨면 매도 시점이라는 뜻이다. 〈그림 22〉를 보자. 빨간색 MACD 선이 파란색 시그널 선을 아래에서 위로 교차해 올라가니 빨간색 매수 화살표가 뜬다. 반대로 빨간색 MACD 선이 파란색 시그널 선을 위에서 아래로 교차해 내려가

그림 23

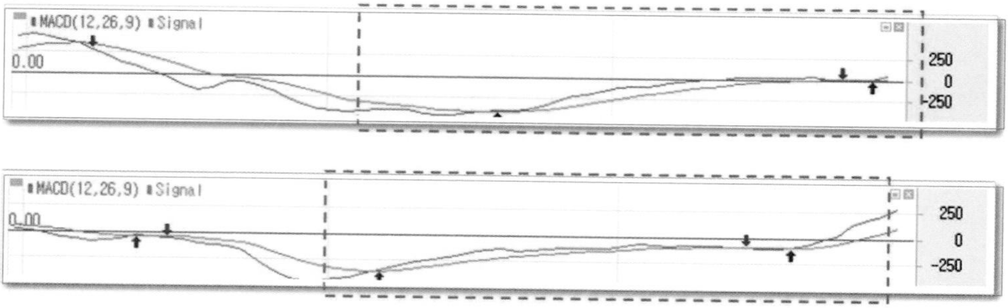

니 파란색 매도 화살표가 뜬다.

그런데 〈그림 22〉 그래프를 보고 마음 급한 사람은 '와, 너무 쉬운데? 그럼 빨간색 화살표 뜰 때 매수하고 파란색 화살표 뜨면 매도하면 되겠네'라고 생각할 수도 있다. 안 된다. MACD는 추세를 알려줄 뿐 정확한 매수/매도 타이밍을 알려주는 것이 아니다. 그러므로 추세가 어떻게 흘러가는지 동향을 살펴보는 용도로 참고하는 것이 더 좋다. 그래서 나는 해당 지표를 매수 전 반드시 참고하지만 하나만 보는 것이 아니라 다른 여러 조건을 종합적으로 참고한다. 특히 내가 선호하는 MACD 모양이 있는데, 〈그림 23〉과 같이 매수 화살표가 우상향하는 상태다. 이와 같이 다양한 지표까지 참고하면 뇌동매매를 줄일 수 있다. MACD같이 움직임이 부드럽고 느린 지표는 특히 나 같은 유리 멘탈이 참고하기 좋다.

지금까지 다양한 지표를 살펴보았다. 나는 매수를 시작하기 전 최대한 수치화, 도표화한 매수 조건들을 보고 감정을 배제한 채 기계적으로 매수한다. 그래야 뇌동매매를 하지 않기 때문이다. 그리고 이렇게 하면 한 종목에 지나치게 애정을 쏟지 않고 담백하게 매도할 수 있다. 이렇게 나만의 매수 조건을 정해두고 반복적으로 하다보면 종목 선정도 빠르고 손쉽게 할 수 있다.

깨달음

나만의 매수/매도 레시피를 만들어두고 감정은 배제한 채 기계적으로 움직이는 것이 효율적이다.

신규 상장주 매수법 — 모르면 잃지만 알면 번다, 많이!

앞에서 일반 종목의 매수/매도 방법에 대해 알아보았다. 그런데 신규 상장주는 조금 다른 방법으로 매수하기 때문에 따로 살펴보자. 신규 상장주의 경우 그 거래방식의 유행을 찾기 쉽다. 물론 일반 종목도 어느 정도 유행이 있지만 그 유행을 초보 개미투자자가 찾아내기란 쉽지 않다. 몇 년 전에 한 번 상한가로 치솟으면 연속적으로 계속 상한가를 기록하는 형식이 유행이었던 적이 있다. 지금은 상상도 못 할 일이지만 당시 상한가로 치솟은 종목은 매도해 몸 사리기보다 오히려 더욱 물량을 실어 추가 매수했고 그 불기둥에 미쳐 종목을 매수하지 못한 투자자들이 몰려 그다음 날도, 다다음 날도 급등에 급등을 기록했다.

하지만 일반 종목에 이렇게 누구나 알아차릴 만큼 두드러진 특징의 유행은 흔하지 않고 아주 세세하게 들여다보아야 감지할 정도의 특징을 띠기 때문에 노련한 투자자들이 아니면 찾아내기조차 힘들다. 그런데 신규 상장주의 경우 '신규 상장'이라는 단어로 일차적으로 종목이 걸러지고 그 대상이 많이 좁혀지므로 어떤 방식이 유행하고 있는지 관찰하기가 상대적으로 쉽다.

신규 상장주의 경우 가까운 과거에는 신규 상장되면 바로 급등하며 불꽃 기둥을 만들어내는 유행이 돌았기에 웬만큼 튼튼하고 미래 성장 가능성이 있는 종목은 빠르게 살수록 유리했다. 하지만 근래에는(2023년 2월 현재까지) 그 유행이 또 바뀌어 상장하고 대부분 큰 힘을 쓰지 못하고 하락하는 경우가 많다. 그런 경우 보통 그 하락은 주로 기관이 견인하는 편이고 기관의 매물이 다 쏟아져나올 때까지는 섣불리 매수하지 않는 편이 좋다. 쭉쭉 피 말리듯 흐르며 심하게는 상장가의 50%에서 70% 가격대까지 빠지기 때문이다. 그렇게 기다림의 시간이 흐르고 기관 매물을 어느 정도 소화하고 나면 바닥을 다지다가 갑자기 급등한다. 그런데 오르기 시작하면 순식간에 상장가를 회복하고, 심지어 그 상장가에서 다시 제2의 상승가도를 달리며 오를 확률도 높기 때문에 잘만 잡으면 꽤 많은 수익을 낼 수 있다. 이런 요즘의 유행은 내 투자방식과 잘 맞아서 신규 상장주 투자를 즐겨 하는 편이다.

〈그림 24〉의 종목은 2022년에서 2023년에 즐겨 보던 신규 상장주의 실제 차트다. 상장 후 상승을 시도하는 듯 보였으나 역시나 예상대로 흐르기 시작하여 기관의 물량을 쏟아내고 하락했다. 지겨운 횡보를 마치고 급등을 시작해 순식간에 상장가를 회복하는 모습이 차트에 그대로 드러난다. 이 글 제목을 '모르면

그림 24

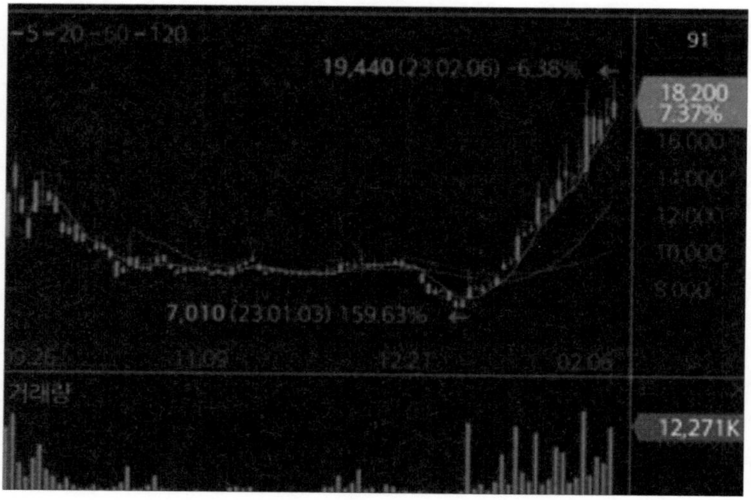

잃지만 알면 번다, 많이!'라고 쓴 이유다. 이 글을 마무리하면서 무엇을 알면 많이 버는지 다시 한번 정리해보자.

먼저 신규 상장주 중 미래가치가 있는 종목을 선별한다. 섹션 2의 '주식계의 공무원, 무엇을, 어떻게, 얼마나 공부했을까?' '급하게 박학다식해지기'에서 언급했듯이 철저한 공부가 필요한 이유다(최소한 무엇이 유망하고 무엇이 사양 산업인지는 구분할 수 있어야 하지 않겠는가!). 다음으로 신규 상장주에 돌고 있는 거래 트렌드가 무엇인지 파악해야 한다. 신규 상장주를 틈나는 대로 살펴보거나 관심 목록에 넣어두고 관찰하면 특징이 보일 것이다. 이 글을 쓰고 있는 2023년 2월 현재는 '상장한 뒤 며칠 오르는 듯 보여도 기관이 매도하고 있으면 매수하지 않는다. 결국 힘을 쓰지 못하고 빠지는 것을 확인하며 기다린다. 상장가에서 30% 이상 떨어져도 흔들리지 않고 바닥을 칠 때까지 기다린다. 바닥 확인 후 기관의 매도세가 누그러지면서 상승세가 보이면 매수에 들어간다. 차츰차츰 오르는 주가를 보며 기쁘게 수익을 실현한다.'

마지막으로 유행은 '변하기 때문에' 유행이라고 한다. 현재의 거래 트렌드는 또다른 유행으로 대체될 것이다. 즉 여기서 언급한 투자방법이 불변의 진리가 아니라는 것이다. 하지만 '유행'이 있음을 인지하고 그것을 찾아내려는 것과 그 자체에 대한 개념이 아예 없는 것은 투자 결과에 커다란 차이를 가져다줄 것이다. **유행이 있다. 유념하자.**

깨달음

신규 상장주의 유행은 상대적으로 파악하기 쉽다.
유행을 잘 관찰해 신중하게 매수하자.

파이어족은 어떤 주식을 살까? (feat. 배당주 매수법)

요즘 직장인들 중에는 파이어족을 꿈꾸는 사람이 많다. 조기 은퇴한 뒤 진정으로 하고 싶은 일을 하며 살아가는 사람들 말이다. 그런 의미에서 파이어족은 막연히 경제적 자유를 이룬 사람들을 통틀어 가리키거나 직장생활로부터의 해방을 의미하는 단어로 쓰이기도 한다. 그렇다면 파이어족의 사전적 의미는 무엇일까? '두산백과 두피디아'에 따르면 파이어족이란 "경제적 자립, 조기 퇴직(Financial Independence, Retire Early)의 첫 글자를 따 만들어진 신조어로 경제적 자립을 통해 빠른 시기에 은퇴하려는 사람들"을 뜻한다. 사실 파이어족이라는 단어가 대중에게 처음 알려졌을 때는 빠른 은퇴를 위해 소비를 극단적으로 줄여 투자를 통해 소득을 발생시켜 직장을 은퇴하고 그 투자금으로 얻은 투자 수익 내에서 검소하게 생활하는 사람들을 의미했다. 그런데 요즘은 그 의미가 '경제적 자유'와 '조기 은퇴'에 좀더 초점이 맞춰진 느낌이다. 직장인들의 로망과도 같은 '일하지 않고 돈을 버는, 경제적 자유를 얻은 사람'을 주로 뜻하게 되었다.

모두가 꿈꾸는 경제적 자유를 얻으려면 무엇이 필요할까? 바로 직장에 다니지 않아도 꾸준히 나오는 월급이다. 나 대신 월급을 벌어줄 어떤 '존재'가 필요하다. 나는 그 어떤 '존재'를 주식으로 정하고 주식을 통해 그 월급을 만들어내고 있다. 시세 차익 거래라는 방식을 주 필살기로 사용하면서 말이다. 그런데 다른 파이어족은 어떤 '존재'를 통해 경제적 자유를 이루게 되었을까?

직장생활을 그만둔 지 수년이 지나다보니 이제 직장을 다니는 친구들보다는 나와 같이 경제적 자유를 이룬 파이어족과 정보 교류를 하고 나름의 고충에 공감하는 일이 잦아졌다. 그리고 그들은 어떤 방식을 통해 파이어족이 되었는지 들으며 '아~ 이런 방식도 있구나' 하는 흥미로운 깨달음을 종종 얻는다. 그런데 대화를 나누다보니 나와 비슷한 월 자본소득을 버는 파이어족은 대부분 나보다 훨씬 많은 자본금이 필요했다. 그것은 수익률 때문이다. 상대적으로 적은 위험을 감수하는 대신 낮은 수익률을 선택해 투자하다보니 투자 수익으로 월 생활비를 충당하려면 직장에서 더 많이, 더 길게 벌어 큰 투자금을 마련한 뒤 은퇴 후에 투자에 신경을 좀 덜 쓰며 편히 지내는 것이다. 그들은 주로 무엇으로 꾸준한 자본소득을 얻고 있을까? 대부분 부동산과 주식은 필수적으로 투자하고 있었다. 그런데 주식의 경우 나처럼 시세 차익 거래를 하기보다는 배당주에 투자해 꼬박꼬박 배당소득을 얻는 경우가 많았다.

배당주란 기업이 일정 기간 동안 영업활동을 통해 벌어들인 이익을 주주들에게 나누어주는 주식을 말하는데, 일반적으로 주식시장에 상장된 다른 주식들에 비해 높은 배당 수익이 기대되는 주식을 배당주라 한다. 배당금은 종목에 따라 1년에 한 번에서 분기별로 주는 곳도 있고, 심지어 매월 주는 상품도 있기 때문에 잘 투자하고 관리하면 배당으로 월급을 만드는 파이프라인을 구축할 수 있다.

"안전한 배당주투자! 사두면 꼬박꼬박 배당금이 나옵니다!"

"배당으로 월급 받자!"

배당주에 관해 검색하면 흔히 볼 수 있는 문구다. 맞는 말이다. 하지만 그 달콤한 설명에 너무 심취하면 안 된다. 연 N%대의 배당 수익으로 생활비를 만들려면 투자금 종잣돈이 얼마나 커야 할까? 아마도 배당주에만 적게는 수억 원, 많게는 수십억 원이 들어가 있어야 배당으로 직장인의 연봉을 대체할 수 있을 것이다. 그래서 오직 배당만으로 생활하려면 은퇴 후에도 생활비를 유지하기 위해 극단적으로 절약하는 사람들을 제외하고 대부분의 사람이 상상하는 파이어족의 삶(시간적 자유와 경제적 여유로움)을 누리는 사람들은 자산이 상당한 수준에 이르러서야 은퇴할 수 있다. 또한 배당금은 배당소득세를 내야 하고 금융소득(이자, 배당소득)이 특정 기준을 초과하면 종합소득세로 과세되므로 다른 종합소득(근로소득+이자소득+배당소득+사업소득+연금소득+기타소득)과 합산해 누진세율로 과세된다. 게다가 배당소득 금액에 따라 건강보험료를 더 낼 수도 있다. 즉 배당소득을 받을 때는 내야 하는 세금도 함께 고려해야 한다.

그렇다고 배당주투자가 별로라는 뜻은 아니다. 나 역시 투자금이 더 커지면 배당주에 좀더 투자할 생각이기 때문이다. 왜냐하면 배당주는 처음 세팅이 좀 힘들고 세금 문제가 번거롭지만 이후에는 시세 차익 거래를 자주 하는 것보다 훨씬 간단하고 편리하다. 마치 주식계의 월세 세팅과 비슷하다. 충분한 투자금으로 잘 세팅된 배당주가 있다면 70대가 되어도 월급을 꼬박꼬박 안겨줄 것이다. 다만 의미 있는 시간대에 의미 있는 배당소득 규모를 얻기 위해서는 꼭 필요한 목돈의 투자금을 빠르게 모아야 한다. 앞에서 강조한 꾸준한 짠테크와 근로소득, 또는 시세 차익형 주식투자를 통한 자본소득이 종잣돈을 키우는 좋은 수단이 되어줄 것이다. 파이어족뿐 아니라 자산 배분이 필요한 자산가도, 재테크를 하는 개인투자자도 즐겨 투자하는 배당주. 여기에서는 간단히 고배당 우량주를 선택하는 방법에 대해 살펴보자.

국내 배당주 순위가 궁금하다면 네이버 증권을 통해 아주 간단하게 국내 배당주 순위를 알아볼 수 있다. 네이버 증권에 들어가 〈그림 25〉의 국내 증시 → 배당을 클릭한다.

그러면 〈그림 26〉과 같이 배당 순위를 한눈에 볼 수 있다. 코스피/코스닥을 따로 볼 수도 있고 과거 3년간의 배당금 추이도 확인할 수 있다.

그림 25

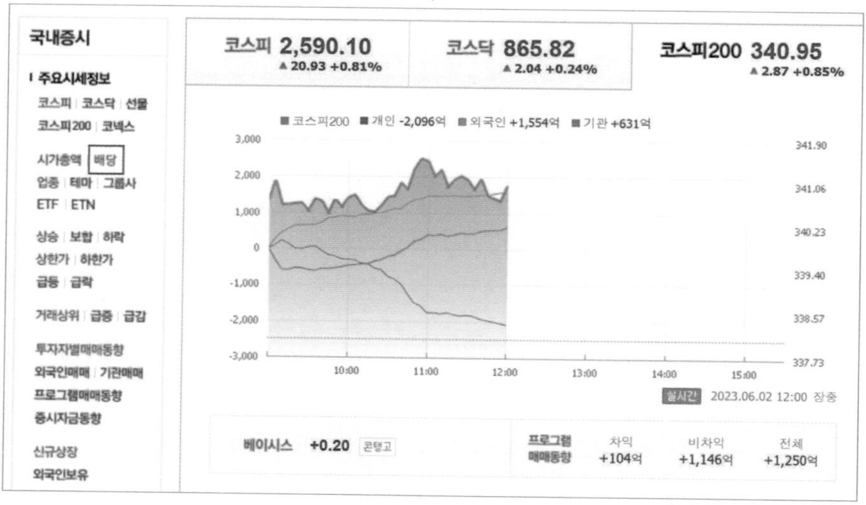

그림 26

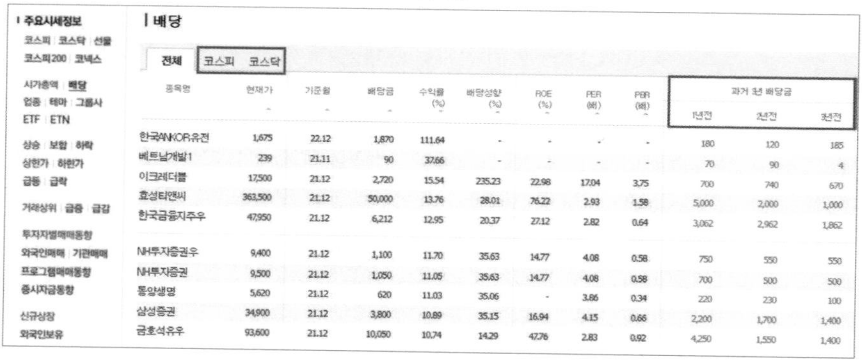

종목명	현재가	기준월	배당금	수익률 (%)	배당성향 (%)	ROE (%)	PER (배)	PBR (배)	과거 3년 배당금 1년전	2년전	3년전
한국ANKOR유전	1,675	22.12	1,870	111.64	-	-	-	-	180	120	185
베트남개발1	239	21.11	90	37.66	-	-	-	-	70	90	4
이크레더블	17,500	21.12	2,720	15.54	235.23	22.98	17.04	3.75	700	740	670
효성티앤씨	363,500	21.12	50,000	13.76	28.01	76.22	2.93	1.58	5,000	2,000	1,000
한국금융지주우	47,950	21.12	6,212	12.95	20.37	27.12	2.82	0.64	3,062	2,962	1,862
NH투자증권우	9,400	21.12	1,100	11.70	35.63	14.77	4.08	0.58	750	550	550
NH투자증권	9,500	21.12	1,050	11.05	35.63	14.77	4.08	0.58	700	500	500
동양생명	5,620	21.12	620	11.03	35.06	-	3.86	0.34	220	230	100
삼성증권	34,900	21.12	3,800	10.89	35.15	16.94	4.15	0.66	2,200	1,700	1,400
금호석유우	93,600	21.12	10,050	10.74	14.29	47.76	2.83	0.92	4,250	1,550	1,400

- 배당금 : 1주당 받는 배당금
- 배당수익률 : 주가 대비 1주당 배당금의 비율
- 배당 성향 : 당기순이익 중 배당금의 비율
- 과거 3년 배당금 : 꾸준히 배당금을 늘려왔는지, 일시적인 고배당인지 확인

옥석 가려내기

중요한 포인트는 배당 순위 상위에 랭크되어 있다고 해서 무조건 좋은 종목이 아니라는 것이다. 앞의 검색 결과에서도 낯선 기업의 이름도 몇 개 보인다. 배당 순위가 1, 2위에 랭크되어 있다고 해서 덜컥 매수하면 안 된다. 배당주투자는 장기간에 걸쳐 목돈을 꾸준히 넣고 배당을 수령할 목적으로 투자하는 종목이기 때문에 일회성 깜짝 고배당이었는지, 아니면 앞으로도 꾸준히 고배당이 나올 수 있는 종목인지를 신중히 구분해야 한다. 배당은 실적이 중요하므로 앞으로의 실적도 꼼꼼히 살펴야 한다. 미래 지속 가능한 산업인지 살피는 것은 물론 앞에서 언급한 차트적 매수 타이밍도 살피면 좋을 것이다. 아무리 좋은 종목이라고 해도 이왕이면 저가에 매수하는 것이 좋기 때문이다.

개별 종목 정보 찾기

증권사 MTS/HTS에서 기업/재무 정보를 찾을 수도 있지만 네이버 증권에서 종목명을 검색해 해당 기업의 정보를 확인할 수도 있다. 또 〈그림 27~28〉과 같이 종목 분석을 클릭하고 스크롤을 아래로 내리면 펀더멘털 부분에서 (추정)배당수익률을 확인할 수 있다.

그림 27

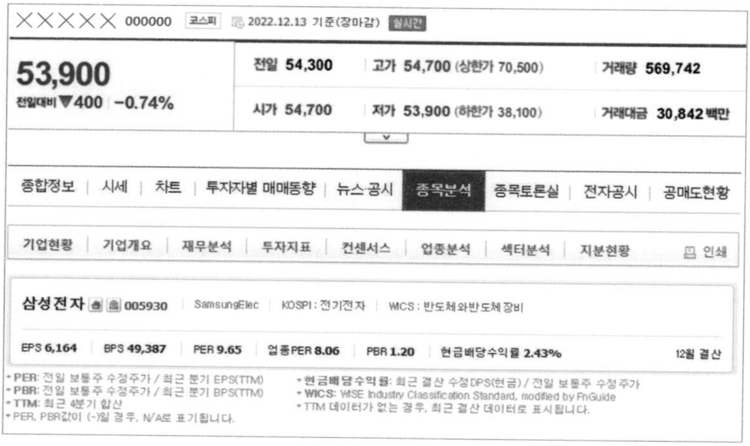

그림 28

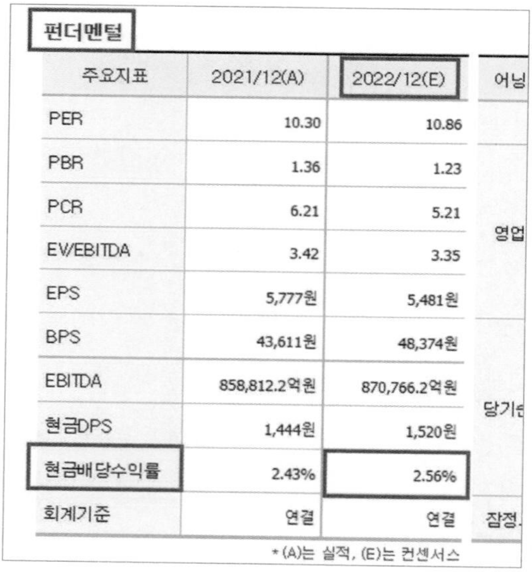

펀더멘털

주요지표	2021/12(A)	2022/12(E)
PER	10.30	10.86
PBR	1.36	1.23
PCR	6.21	5.21
EV/EBITDA	3.42	3.35
EPS	5,777원	5,481원
BPS	43,611원	48,374원
EBITDA	858,812.2억원	870,766.2억원
현금DPS	1,444원	1,520원
현금배당수익률	2.43%	2.56%
회계기준	연결	연결

* (A)는 실적, (E)는 컨센서스

그림29

금융검색

'고배당'검색결과 (총15건)

국내종목(15)

종목명	현재가	전일대비	등락율
KOSEF 고배당 코스피	8,630	▲60	+0.70%
ARIRANG 고배당주 코스피	11,960	▲15	+0.13%
파워 고배당저변동성 코스피	28,115	▼45	-0.16%
TIGER 코스피고배당 코스피	13,475	▲20	+0.15%
ARIRANG 미국다우존스고배당주(합성 H) 코스피	16,310	▲225	+1.40%
ARIRANG 고배당저변동50 코스피	11,350	▼10	-0.09%
ARIRANG 고배당주채권혼합 코스피	10,845	▲5	+0.05%

직접 추리기 힘들다면 ETF 활용하기

배당주를 일일이 분석하고 옥석을 가려내기 힘들다면 전문가들이 하나하나 골라 대신 투자해주는 고배당 ETF를 매수하는 방법도 있다. 하지만 ETF 수수료가 아깝다면 또다른 방법이 있는데, 바로 해당 ETF가 투자하고 있는 종목을 살펴보고 그중 몇 개를 추려 자신의 투자 성향에 맞는 종목을 결정해 직접 투자하는 방법이다.

그럼 어떻게 투자 종목을 살펴보는지 알아보자. 네이버 증권에서 '고배당'으로 검색하면 〈그림 29〉와 같이 고배당주 관련 상

그림 30

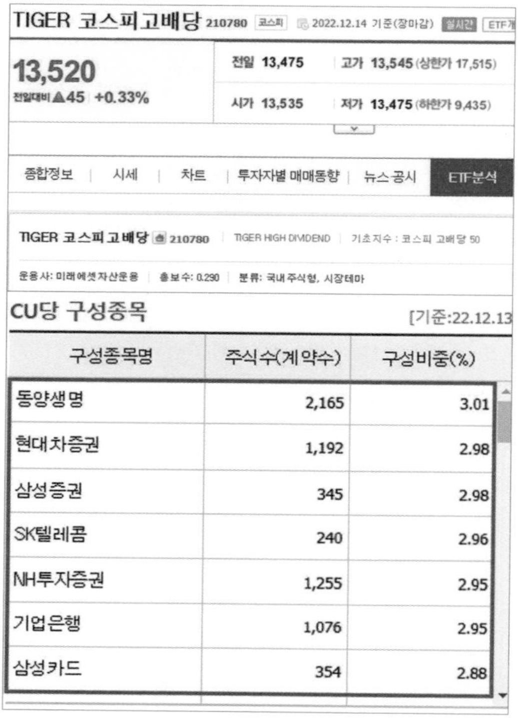
TIGER 코스피고배당 210780 코스피 2022.12.14 기준(장마감) 실시간 ETF개

13,520

전일대비 ▲45 +0.33%

전일 13,475 | 고가 13,545 (상한가 17,515)

시가 13,535 | 저가 13,475 (하한가 9,435)

종합정보 | 시세 | 차트 | 투자자별 매매동향 | 뉴스·공시 | ETF분석

TIGER 코스피고배당 210780 | TIGER HIGH DIVIDEND | 기초지수 : 코스피 고배당 50

운용사: 미래에셋자산운용 | 총보수: 0.290 | 분류: 국내 주식형, 시장테마

CU당 구성종목 [기준:22.12.13

구성종목명	주식수(계약수)	구성비중(%)
동양생명	2,165	3.01
현대차증권	1,192	2.98
삼성증권	345	2.98
SK텔레콤	240	2.96
NH투자증권	1,255	2.95
기업은행	1,076	2.95
삼성카드	354	2.88

품이 검색된다. 그중 인기 있는 ETF 몇 개를 클릭해 〈그림 30〉과 같이 ETF 분석에 들어가면 해당 ETF가 어떤 고배당주에 투자하는 것인지 알 수 있다. 여러 ETF 상품을 클릭해보고 그중 몇몇 종목을 추려 기업 분석 절차를 걸쳐 본인의 투자 성향에 맞는 종목에 투자한다. 예로 타이거 코스피 고배당 EFT와 아리랑 고배당주 ETF를 살펴보자. 이렇게 두 ETF만 확인해보아도 전문가들이 선정한 다양한 배당주를 참고할 수 있다.

그림 31

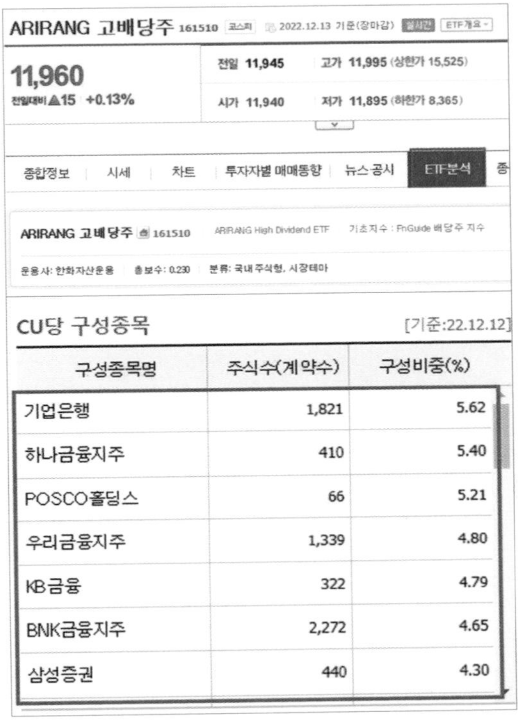

구성종목명	주식수(계약수)	구성비중(%)
기업은행	1,821	5.62
하나금융지주	410	5.40
POSCO홀딩스	66	5.21
우리금융지주	1,339	4.80
KB금융	322	4.79
BNK금융지주	2,272	4.65
삼성증권	440	4.30

ETF의 구성 자산은 계속 바뀐다. 〈그림 30~31〉은 이 글을 쓸 당시의 CU당 구성 종목이다.

이와 같이 배당주투자는 직접 하나하나 알아보는 방법도 있고 전문가들의 도움을 받거나 그들의 생각을 참고하는 방법도 있다. 배당주를 선정할 때 확인해야 할 점은 일시적인 고배당보다는 꾸준히 배당해주는 회사를 찾는 것이 좋다. 또한 장기투자를 해야 하므로 안전을 위해 시가 총액이 너무 작거나 재무제표가 나쁜 기업, 앞으로 사양 산업군에 속하는 기업은 피하는 것이 좋다. 요즘은 월배당 ETF도 제법 많아져 조금만 부지런히 알아보면 본인의 라이프 사이클에 맞는 배당주투자처를 선택할 수 있다. 여러 ETF 상품에서도 알 수 있듯이 전문가들조차 그들만의 기준으로 조금씩 다른 종목에 투자한다. 그러므로 단순히 배당주 상위에 랭크되어 있다고 해서 덜컥 매수하기보다는 여러 가지 정보를 잘 따져보고 자신의 투자 상황과 성향에 맞는 종목을 매수하자.

깨달음

배당만으로 평생 월급을 받는 것은 쉬운 일이 아니다. 하지만 꾸준히 목돈을 쌓는다면 잘 조직한 배당주 포트폴리오가 언젠가는 당신 월급만큼의 배당을 안겨줄 수도 있다.

SECTION 4

당신은 이제 100%가 된다
— 반드시 필요한 멘탈 관리

아무도 알려주는 사람이 없었다

"평화님은 이렇게 안 좋은 주식장에서도 수익을 내니 참 대단하세요. 정말 주식투자 할 맛 나시겠습니다. 대체 어떻게 하시는 겁니까? 비법 좀 알려주시죠."

사람들은 내 삶이 참 순탄하고 편안하다고 생각한다. 주식시장이 폭락하는 상황에도 주식으로 수익을 내고 직장 스트레스 없이 집에서 아이를 돌보며 평화롭게 지내기 때문이다. 뉴스에는 연일 경제 위기가 온다는 불안한 기사가 보도되고 끝없이 하락하는 주가에 많은 초보투자자가 죽는소리를 하는 와중에도 내 태도와 표정은 마치 어디 믿는 구석이라도 있는 듯 큰 동요 없이 평화로워 보인다. 그들은 내가 투자가 힘들지 않아서 평온한 것이라 여긴다. 하지만 내 속마음을 들여다보면 그들이 생각하는 모습과는 조금 다를 것이다.

'어휴, 오늘도 장이 안 좋네.'

'우크라이나와 러시아 전쟁은 끝날 생각을 안 하네. 미국은 또 금리를 올리고. 이거 원, 돈이 꽁꽁 묶여서 운용하기가 쉽지 않아.'

'전문가들은 연일 역대급 경제 위기설을 언급하며 시장 불안감을 높이고…… 공포 가득한 시장에서 나는 어떤 포지션을 취해야 할까…… 투자한 돈이 많은데, 어떻게 해결하지?'

이런 생각들로 내 머릿속도 혼란스럽다. 주식이 직업이 된 삶에서 돈과 직접적으로 연결된 많은 고민과 선택이 연속적으로 이어지고 내 투자금을 지키고 또 꾸준한 수익을 내기 위해 고군분투하고 있다. 특히 순간의 실수조차 바로 손실로 이어지는 비협조적인 주식시장에서 흔들리지 않고 지금의 내 삶을 영위할 월급을 계속 벌어야 하는 일은 정신적으로, 감정적으로 쉽지 않다. 하지만 태연함을 잃지 않으려 노력한다. 그저 큰 동요 없이 실패하고 성공하고 또 실패하지만 다시 성공할 방법을 찾아 행동할 뿐이다.

사실 주식시장이 나쁠 때는 모두가 힘들다. 심지어 투자의 대가일지라도 말이다.

"나도 그래. 올해 투자는 내 예상보다 더 나빴어."

내 투자 인생의 롤모델이자 주식투자로 큰돈을 번 투자자 L님은 2022년 수익이 저조하다며 아쉬워하는 나에게 이렇게 말씀하셨다. 나와는 운용하는 금액 자체가 다른 분이라 손실이 나면 그 규모도 억, 10억 단위지만 겉으로 드러나는 침착함은 마치 잔잔한 호수와 같았다. 그분은 큰 수익에 우쭐하지도, 그렇다고 손해에 감정적으로 크게 동요하지도 않는다. 다만 생각대로 투자가 흘러가지 않았을 때 복기하며 이번 투자는 어떤 점이 실패의 요인이었는지 분석하고 보완했다.

시기가 나쁠 때 투자가 힘든 것은 그분도 매한가지다. 그런데 아마도 그분 주변 사람들은 그분의 평온한 겉모습만 보며 역시 투자의 고수는 이렇게 나쁜 시장에서도 수익을 내며 걱정 없이 편히 투자한다고 여길 것이다. 자신의 파란 계좌와 고수의 평온한 겉모습을 동일선상에 두고 비교하며 자신은 투자에 소질이 없다고 여기며 반 포기 상태에 있을지도 모른다. 그러나 누구나 돈을 잃는 곳이 주식시장임을 깨달아야 한다. 다만 '대처'과정에서 차이가 날 뿐이다.

아무리 투자의 고수라 할지라도 신처럼 미래를 정확히 알 수 없기에 반드시 마이너스 수익을 보는 시기가 있다. 다만 그들은 그 하락 시기에 감정적 동요를 최소화하고 잘 대응하기 위해 이성적 분석과 판단을 내릴 뿐이다. 낭떠러지에서 떨어지는 동안에도 두려움에 눈을 꼭 감기보다는 태연히('독하게'라는 표현이 더 맞을까?) 눈을 뜨고 어떤 방법으로 충격을 최소화할지 냉정하게 생각하는 것이다. 그들은 그렇게 같은 위험에서도 피치 못할 손실을 최소화하고 자신의 돈을 포기하지 않는다. 그리고 기회가 왔을 때 수익을 극대화해 결국에는 총합이 플러스가 되게 만든다. 그들은 사실 위기를 맞아도 끝까지 주식투자를 포기하지 않은 사람들이다.

단순하지만 중요한 진리인 이 점을 몰랐던 과거의 나는 인터넷상의 수많은 수익 인증 글들을 보며 내 실력을 한탄했다. 나도 정말 열심히 공부했는데, 왜 그들처럼 되지 않는지 애가 타고 초조했다. 그렇게 나의 실패는 나에게 커다란 결점이 되었고, 더 감정적 결정으로 이어졌으며, 자신감 하락에 투자를 그만두어야 하는지 심각하게 고민할 때도 있었다. 투자 경기가 어려워 내 계좌가 파란불일 때는 TV에 나와 이미 모든 것을 알고 있었던 듯 이야기하는 투자전문가들이 마치 주식의 신처럼 보였다. 그리고 그 신들과 같은 능력을 갖추어야 주식세계에서 돈 벌고 살 수 있을 것만 같았다. 하지만 이제는 다른 사람들의 수익 인증 글에도 내 성적과 비교하며 흔들리지 않는다. 사실 딱히 궁금하지도 않다. 주식투자자의 필수 요건인 포기하지 않는 **끈기와 태연함**을 익혔기 때문이다.

주식시장을 10년 정도 경험하면서 얻은 이런 깨달음은 내 투자에 큰 도움이 되었다. 모두가 돈을 잃을 수 있는 곳이 주식시장이라는 사실과 한결같은 태도를 유지해야만 돈으로 돈을 벌 수 있다는 사실 말이다. 외부 자극에 동요해보았자 득이 될 것이 아무것도 없었다. 주식은 동요할수록 내 투자금 손실만 커진다. **태도가 결과보다 먼저다.** 그래서 이제는 내가 통제할 수 있는 영역을 넘어설 정도로 나쁜 시장 상황이 와도 크게 놀라거나 동요하지 않으려 애쓴다. 실수로 이어지기 때문이다.

투자 고수들이 잘해서 평온한 것이 아니다. 평온해야 잘할 수 있기에 힘들어도 평온함을 유지하는 것이다. 손실에 초연해지지 않으면 그 감정이 이후의 투자 결정에 영향을 주고 자칫 잘못하면 도미노처럼 실패의 연속으로 이어진다. 굉장히 사소하지만 중요한 포인트다. 그러므로 투자금을 절대 잃지 않겠다는 각오도 중요하지만 반드시 잃게 되는 시장 상황이 왔을 때 너무 동요하거나 포기하지 말자. 원래 그런 곳이니 용감하게 눈 뜨고 손실 최소화를 위해 이성적으로 힘써보자. 내 투자의 제1원칙도, 제2원칙도 무엇보다 투자금을 잃지 않는 것이다. 내 돈을 진심으로 소중히 여기고 사랑해야만 그 돈이 다른 돈을 데리고 들어온다. 내 돈을 마지막 순간까지 포기하지 않고 지키되, 주식시장에서 손실은 누구나 겪는 자연의 이치라는 사실도 마음 한편에 받아들이자.

초기에 주식 공부를 할 때는 차트에 선 잘 긋고 종목 코드까지 다 외울 기세로 온갖 주식/경제 정보를 열심히 암기하면 주식을 잘하게 되리라 생각했다. 누군가에게 의존해 그들이 알려주는 비밀스러운 특급 정보를 받는 것이 최선이라 생각하는 사람도 많다. 그런데 경험상 책으로 공부해 쌓는 지식이나 인맥으로 얻는 정보에는 한계가 있다. 주식에서는 어느 정도 선을 넘어서면 넘지 못하는 벽이 반드시 나타난다. 과거에 그 벽이 깨지지 않아 정말 답답했는데, 지금 생각해보면 그 벽을 깨지 못했던 이유는 주식이 '심리전'이라는 아주 간단하지만 중요한 점을 제대로 인지하지 못했기 때문인 듯하다. 주식시장은 결국 사람의 심리를 이해하고 내가 심리적으로 이용당하지 않는 방법을 익힌 사람들만 살아남아 수익을 얻는 곳이다. 그러니 매일 승승장구하는 것 같은 투자전문가들도 손해를 본다는 사실을 잊지 말고 고수의 높은 수익률에 집중하기보다 초보와는 다른 그들의 평온한 태도에 집중하자. 신이 아닌 이상 미래를 내다보지 못하는 것은 모두 매한가지인데도 항상 침착하고 확신 있는 듯한 고수들의 태도를 본받자. 그것이 그들의 수익률을 보며 의기소침해지는 것보다 투자에 실질적으로 더 도움이 될 것이다. 사실 말처럼 쉽지 않겠지만 노력만이 답이다. 계속해서 합리적으로 선택하는 것과 침착함을 연습하다보면 어느덧 힘든 상황에서 요동치지 않는 잔잔한 호수 같은 멘탈을 가질 수 있으리라고 믿는다. 그리고 그것은 주식이라는 정글에서 당신에게 아주 강력한 무기가 되어줄 것이다.

깨달음

태도가 결과보다 먼저다.

내가 팔고 나면 오르는 이유

A는 요즘 주식투자에 한창이다.

그녀는 주식 책, 신문, 유튜브, 기업 분석 등 다양한 채널을 열심히 공부했다. 평소 관심에도 없던 기업 재무제표까지 살펴보며 꾸준히 이익이 나면서 상대적으로 저평가되고 미래 성장가치도 있고 예상되는 좋은 뉴스도 있는 매수 후보 종목을 찾아냈다. 모두 다 매수하면 좋겠지만 한정된 투자금 때문에 마지막 순간까지 고민하다 그중 한 종목을 매수했다. 그녀가 열심히 공부하고 조사한 바에 따르면 곧 상승은 자명한 일이었기에 수익을 볼 기대에 한껏 부풀어 매일 호가창을 바라본다. 그런데 생각만큼 움직임이 없는 주가에 하염없이 기다리고 또 기다린다. 그렇게 짧게는 몇 주, 길게는 한두 달 기다리다 움직임이 없는 주가에 답답함이 밀려온다.

'내가 잘못 판단한 걸까? 내가 분석한 내용이 잘못된 걸까?'

답답함은 어느덧 불안감이 되고, 오히려 마지막 순간까지 매수를 고민하다 매수하지 않았던 종목이 급등하면서 더 상승하는 것을 보며 A는 자신의 판단력에 자신감을 점점 잃는다. 오를 종목도 제대로 판단하지 못하는 내가 해당 종목에 너무 많은 투자금을 넣은 것은 아닌지 덜컥 불안해진다. 이대로 가다가는 다른 기회를 놓칠 수도 있다는 생각이 들면서 꽤 긴 시간을 버텼음에도 불구하고 결국 5%가 채 되지 않는 수익을 얻고 종목을 매도한다.

'분명히 정말 크게 갈 종목 같았는데…… 그래서 조금 올랐을 때도 팔지 않고 이렇게 기다렸는데…… 아쉽다. 그래도 수익낸 게 어디야. 치킨값은 벌었네.'

소소한 수익에 스스로 위안하지만 미련이 남는 것은 여전하다. 아무리 생각해도 탄탄하고 좋은 기업이었기 때문이다. 아쉬운 마음에 해당 종목을 관심 종목에 그대로 남겨둔 채 아침마다 들여다본다.

아니 그런데 몇 달간 꿈쩍하지 않고 속을 썩이던 주가가 A가 팔고 나니 갑자기 15% 이상 급등하는 것이 아닌가?

'이럴 수가…… 나는 왜 이렇게 매도 타이밍을 맞추지 못하는 걸까? 정말 열심히 공부했는데…….'

그녀는 기분이 이내 다운된다. 그 일로 인해 지금껏 공부해온 주식에 대한 개념 자체도 영향을 받으며 공부법이 잘못된 것은 아닌지, 어떤 공부가 부족해 이렇게 타이밍을 못 맞추는 것인지에 대한 생각에 사로잡혀 이내 자신감을 잃는다. 그 결과 다음 투자 건의 매수/매도 타이밍을 결정할 때 스스로를 믿지 못하고 흔들린다.

A의 투자방식은 도대체 무엇이 문제였을까?

A는 사실 나다. 과거에 내가 절절히, 거의 매번 느끼던 불안감과 좌절감이다. 하지만 지금은 그런 경험이 현저히 줄어들었다. 그때의 나는 정말 무엇이 문제였을까?

사실 아무 문제도 없었다. 올바른 방식으로 공부해 오를 종목을 잘 찾아냈고 성공적으로 수익을 냈으니 본인의 통찰력에 자부심을 가져야 할 일이다. 잘 찾아냈고, 수익으로 잘 연결했기 때문이다. 그런데 투입된 시간 대비 수익률이 조금 아쉽다. 이 부분은 어떻게 보완해야 할까? 차트에 좀더 줄 긋고 20일선 돌파 아니 5분봉, 3분봉……. 차트 공부를 더 해야 하는 것일까? 사실 이는 기술적 문제가 아니다. 오를 종목은 이미 잘 찾아냈다. 다만 당시 나의 멘탈이 여러 외부 자극에 버틸 만큼 아직 충분히 이성적이지 않았다. 주식은 이성적일수록, 객관적으로 분석할수록 유리하다. 본능적으로 반응하는 사람들이 판을 치는 곳이기 때문이다.

그런데 당시 나의 멘탈이 내가 투자한 종목에 대한 객관적 근거를 바탕으로 충분한 자신감과 흔들림이나 지겨운 횡보와 같은 외부 자극에 태연할 만큼 강하지 못했다. 매수 전 반드시 고려해야 하는 '복수'의 탄탄한 매수 근거(고작 한 가지 매수 근거를 갖고 덜컥 매수하면 그 재료가 소멸할 때 쉽게 불안해지므로)를 바탕으로 이성적이고 객관적 분석을 통한 매수를 했다면 자신이 목표한 수익이 날 때까지 스스로를 믿고 끈기 있게 버틸 수 있어야 한다. 끝없이 자극하는 외부 요소에 태연히 버티면서 말이다. 그렇다고 두 눈 꼭 감고 종목을 무조건 맹신하라는 뜻은 아니다. 지나치게 사랑에 빠져서 보아야 할 리스크를 보지 못하는 것은 현명한 투자가 아니기 때문이다. 두려운 상황에서도 눈을 크게 뜨고 상황이 나쁘게 흘러가면 냉정하게 결단을 내릴 수도 있어야 한다.

만약 당신이 A와 같은 고뇌를 자주 하고 있다면 끈기를 길러보자. 태연하게 버텨내는 끈기를 기르려면 첫째, 복수의 매수 근거를 바탕으로 매수하며 둘째, 어느 파도(큰 파도/잔파도)에 팔 종목인지 미리 정하며 셋째, 주가가 인간적 본능을 자극하며 위아래로 요동칠 때도 동요하지 말고 이성적으로 상황을 분석하는 멘탈을 기르는 연습으로 보완할 수 있다. 그렇다면 멘탈이 충분히 강해진 것은 어떻게 확인할까? 내가 수익을 실현한 뒤 그 종목이 어떤 상태에 이르러도 크게 동요하지 않게 될 때 비로소 알게 된다.

깨달음

수익을 냈으면 충분하다.

자극과 반응 사이의 갭

이 말을 기억하자.

"한 박자 쉬고, 생각 그리고 반응."

주식시장은 참으로 자극적이다. 오죽하면 도박에 비유하는 사람들이 있겠는가! 초 단위로 변하는 가격과 한순간의 결정이 수익/손실로 직결되는 구조는 사람을 자극하기 참 좋다. 사실 주식이 자극적이라서 더 재미있는 분야이기도 하다. 이런 자극적인 시장에서 돈을 잃지 않고 벌기 위해 우리가 되뇌어야 할 말이 하나 있다. 바로 "한 박자 쉬고"다. 주식시장에서 어떤 자극을 받았을 때 본능적으로 행하는 반응을 조심해야 한다. 반응하기 전에 내가 이 결정을 하는 것이 실질적으로 이득인지 한번 생각해야 한다.

초보투자자들 중 외부 자극에 즉각적으로 반응하는 사람들이 있다. 반사적으로 반응하면 대응 속도는 빠르지만 그만큼 본능적으로 반응할 가능성이 높다. 본능적인 반응은 실질적으로 이득이라서 하는 행동이라기보다 생존 본능에 기반한 통제되지 않은 충동적 반응일 가능성이 크다. 그런데 문제는 주식시장이라는 거대한 바다에는 본능적으로 반응하는 작은 물고기들을 먹잇감으로 하는 상어들이 득실대고 있다. 그들은 이런 생활을 오래해왔기에 사람의 본능에 대해 잘 알고 있다. 어떤 자극을 주어 원하는 곳으로 개인투자자를 이끌지 잘 알고 시의적절하게 활용한다. 마치 양치기 개가 양을 원하는 우리 속으로 몰아넣듯 원하는 방향으로 개인투자자들을 몰기 위해 외부 자극을 준다. 그때 그 자극에 즉각적으로 반응하면 당신이 원하는 방향이 아닌 그들이 원하는 방향으로 이끌려가게 된다. 순간의 반응으로 그들의 맛있는 먹잇감이 되는 것이다. 그러므로 어떤 자극을 받게 되면 반응하기 전 시간을 두어 잠시 생각해야 한다.

외부자극 → 한 박자 쉬고, 생각 → 반응

그렇다고 골똘히 생각에 빠져 100박자, 1000박자 하염없이 쉬면 곤란하다. 그것은 망설임이지 이성적 반응이 아니다. 초 단위, 분 단위, 일 단위로 계속 변하는 시장에서 놓쳐버린 기회는 너무나 큰 기회 비용을 지불할 수도 있다. 많은 분석과 훈련을 통해 한 박자 쉬는 동안 이성적으로 반응하는 법을 익혀야 한다. 그렇게 복잡하지 않다. 의식적으로 연습하다보면 이성적 반응이 습관적으로 몸에 배게 된다. 그동안 자극받는 대로 즉각 반응하던 투자자라면 본능적 흥분을 가라앉히고 합리적으로 반응하게 될 때까지 자극과 반응 사이에서 한 박자 쉬는 짬을 두자. 그리고 생각하는 것이다. 이 결정이 정말 나에게 이익인가, 아니면 두려워서 또는 흥분해서 덜컥 저지르는 충동인가.

노련한 양치기 개들이 원하는 방향으로 본능에 충실한 양들을 몰아넣는 동안 당신은 자극과 반응 사이에서 잠시 멈추어 서서 '내가' 가고 싶은 방향을 응시한 뒤 그 방향으로 흔들림 없이 나아가자.

깨달음

주식시장에서 외부 자극에 즉각적으로 반응하는 것은 좋지 않다.

자극과 반응 사이에 찰나의 이성적 시간을 갖자.

사실,
모든 것을 잘하지 않아도
괜찮다

주식투자로 월급을 벌며 살다보니 SNS에서도 주식투자자들을 관심 있게 살펴보는 편이다. 특히 나처럼 주식을 공부하는 아이 엄마들의 SNS 계정을 흥미롭게 보는데, 누구보다도 열심히 공부하는 모습에서 예전 내 모습을 보게 되고 그녀들의 일상과 고민에서 마치 내 마음속을 들여다보는 듯 위로받는다. 특히 임신과 출산, 육아를 하면서 잃어버린 듯한 내 자신을 주식 공부하면서 되찾은 느낌이 든다는 글을 보면 무엇보다 격하게 공감이 된다. 주식 공부는 불가능으로 여겼던 꿈이 실현될 수도 있다는 희망을 준다. 살아오면서 정해지고 굳어버린 나라는 사람의 가능성이라는 천장을 깨부수어주는 설렘을 느끼게도 해준다. 주식 공부를 하면서 다시 무엇이든 할 수 있을 것만 같은 고등학생이 된 기분을 느끼게 해준다.

그런데 주식을 공부하는 초보투자자들의 글을 보며 한 가지 꼭 해주고 싶은 말이 있었다. 워낙 유령처럼 존재감 없이 지내는 것을 좋아하는 터라 감히 용기를 내 '댓글'을 달지는 못했지만 가까운 친구라면 꼭 해주고 싶은 마음이 담긴 말이다.

"모든 것을 잘하지 않아도 괜찮아요."

주식을 바르게 공부하는 초보투자자는 모두 다 열심히, 성실히 공부한다(여기서 주식을 도박 정도로 여기는 사례는 제외하자). 그들은 많은 책과 영상을 보고 공부하고 또 고뇌한다. 심지어 유료 강의도 듣고 투자 고수의 제자가 되어 열심히 배우기도 한다. 투자에서 손해를 보면 자신의 '어떤 공부'가 부족해 그런 일이 일어났는지 고민하고 자책한다. 그들이 보고 배우는 투자전문가들은 모든 것을 잘하고 다 알고 있는 듯 보이기 때문이다. 그들처럼 모든 것을 잘해야 주식투자자로 살아갈 수 있으리라 생각한다.

세상에 이름을 날리고 유명한 투자 고수들은 모든 주식투자 케이스를 잘 다루는 것 같다. 아마도 실제로 그들은 일반투자자보다 월등히 아는 것이 많으리라. 하지만 투자자로 살아가는 데 반드시 그들처럼 완벽할 필요는 없다. 나처럼 내가 잘하는 분야를 알아내고 그 스타일만 고수하며 집요하게 투자하기만 해도 충분히 경제적 자유를 얻을 수 있다. 사실 우리가 원하는 것이 뭐 별건가? 적당히 살아갈 돈과 시간적 자유. 그 정도면 충분하지 않은가?

주식투자를 할 때 모든 상황에 잘 투자할 필요는 없다. 물론 기본기를 쌓고, 또 내가 어떤 부분을 잘하는지 알기 위한 초석을 다지는 시기에는 기본 공부를 최대한 많이 다양하게 해야 한다. 하지만 내가 어떤 투자 상황을 잘 보고 이성적으로 유지할 수 있는지 어느 정도 감을 잡게 된다면 다른 투자 스타일도 잘하기 위해 또다시 시간을 할애하기보다는 잘하는 부분을 집요하게 파고들어 나만의 기술을 만들면 충분하다. 그렇게 만든 자신만의 기술을 터득하고 이 책에서 언급한 주식시장의 특성을 이해한다면 '주식업계의 공무원'이 되어 꼬박꼬박 월급 같은, 아니 월급보다 더 넉넉한 수익을 얻을 수 있을 것이다. 교수가 되기 위한 공부와 해당 분야에서 생활비를 벌기 위한 생존 공부는 다르다는 것을 늘 염두에 두자. 모든 것에 전문가가 될 필요는 없고 모두 다 잘하기도 어렵다. 내가 잘하는 투자 스타일, 그 하나를 찾아내 집요하게 갈고닦으면 충분하다.

깨달음

모든 투자 케이스를 잘 다룰 필요는 없다.

주식시장의

봄, 여름, 가을, 겨울

코로나19로 인한 주식시장 폭락 이후 많은 초보투자자가 주식세계에 입성했다. 그때 당시 매체에서는 연일 투자의 필요성을 강조하고 유튜브에는 "몇 달 만에 몇억을 벌었어요" "몇 살밖에 안 된 꼬마가 몇천만 원을 벌었어요"와 같은 자극적인 섬네일의 유튜브 방송이 즐비했다. 비단 방송뿐 아니라 옆집 서준이 아빠가 또는 같은 팀 차장님이 투자로 얼마를 벌어서 차를 바꿨다더라, 가방을 샀다더라 등의 말이 심심치 않게 들려오던 시절이었다. 코로나19라는 외부적 요인으로 인한 폭락 이후 매우 호의적인 주식시장, 즉 신이 주신 기회의 시기였기 때문에 너도나도 투자에 뛰어들고 또 돈을 벌기도 쉬웠다. 여러 매체는 경쟁적으로 투자를 적극 추천했고 마치 투자를 하지 않는 사람이 손해를 보는 세상 같았다.

그런데 바이러스가 한바탕 휩쓸고 간 지금은 주식시장의 분위기가 많이 바뀌었다. 순식간에 칼바람이 몰아치는 한겨울이 온 것이다. 2020년 이후 입성해 연일 급등하던 따스한 주식시장만을 경험한 초보투자자들은 2022/23년 러시아와 우크라이나 전쟁, 미국의 기준 금리 인상, 경기 침체 등으로 이어진 지금의 힘든 주식시장에 적잖이 당황할 것이다. 내가 투자에 소질이 있는 줄 알았는데 투자하는 족족 빠져버리는 주가에 매일 좌절감을 느끼고 있을지도 모른다. TV나 유튜브에서는 언제 투자를 추천했냐는 듯 투자하는 것이 정말 어리석은 짓이라는 말들이 나오고 주변에서도 누구네 아빠가 얼마를 잃었대, 누구네 삼촌이 평생 모은 돈을 투자했다가 얼마를 손해봤대 하는 흉흉한 말이 들리기 시작한다. 일하지 않고 버는 자본소득에 열광하던 사람들이 역시 주식은 하는 것이 아니라고 하나둘씩 입을 모아 말하기 시작한다. 하지만 겨울이 오면 늘 등장하는 이런 자극적이고 극단적인 표현의 여론전에 너무 겁먹을 필요는 없다. 섹션 2의 '급하게 박학다식해지기'를 성실히 실천하는 독자라면 이 말이 무슨 뜻인지 이해할 것이다. 원래 뉴스(특히 제목)는 사람의 이목을 끌기 위해 자극적일 수밖에 없기에 그 속에서 진실을 찾는 연습을 하다보면 이런 극단적이고 자극적인 정보의 홍수 속에 휩쓸리지 않고 자신만의 중심을 잡을 수 있다.

다시 한번 강조하지만 주식시장에는 우리가 살아가는 세상처럼 봄, 여름, 가을, 겨울의 사계절이 있다. 봄에는 싹이 트고, 여름에는 무럭무럭 자라며, 가을에는 열매를 수확하고, 겨울에는 수확한 열매를 지키며 혹한의 버티기에 돌입한다.

그런데 우리가 알아야 할 포인트는 우리네 계절이 사람을 가리지 않듯 초보에게만 혹한의 겨울이 들이닥치고 고수들은 평생 봄날에만 머무는 것이 절대 아니라는 사실이다. 겨울은 모두에게 똑같이 찾아온다. 대응방법에 차이가 있을 뿐이다. 그러므로 지금 겪는 살을 에이는 듯한 추위가 나에게만 닥치는 재앙이라고 여기며 의미 부여를 크게 하지 말자. 겨울은 모두에게, 그리고 때가 되면 반드시 찾아온다. 왜 이리 추운지를 끝없이 생각하며 좌절하기보다는 당연히 추운 겨울이니 잘 지나가도록 버티기에 돌입하면 된다. 때가 되어 겨울이 찾아왔듯 **때가 되면 봄도 반드시 찾아오기 때문이다.** 이 추운 시기에 우리는 다가올 봄을 준비해야 한다.

그렇다면 무엇을 준비해야 할까? 바로 싹을 틔울 씨앗이다. 순환하는 주식의 사계절에 풍성한 수확의 기쁨을 계속 얻으려면 적절한 시기에 씨를 뿌려야 한다. 그 씨는 바로 '돈'이다. 그리고 씨가 무럭무럭 자랄 수 있게 물과 비료, 즉 공부와 정보를 적절히 배합해야 한다. 준비 없이 겨울을 보내고 봄이 왔을 때 그제야 부랴부랴 씨를 모으고 비료를 사러 뛰어다니면 어떻게 되겠는가? 한발 늦다. 봄은 속절없이 흘러가는데 싹을 틔우지 못할 수도 있다.

어둡고 긴 겨울을 버티며 지나가는 동안 우리는 지식과 정보라는 비료를 비축하고 초봄에 뿌릴 씨를 얼지 않게 준비해야 한다. 그리고 춥디추운 겨울에 냉혹한 추위에만 초점을 맞추기보다 세상을 뒤덮은 희고 아름다운 눈도 바라보며 평온하고 알차게 한겨울을 보내면 된다.

하지만 현실적으로 투자의 한겨울을 버티는 개인투자자들이 많이 힘들 것이라 생각한다. 나 역시 버티고 있는 이 기간이 썩 유쾌하지만은 않다. 하지만 때가 되어 찾아온 겨울 뒤에 반드시 찾아올 봄이 있음을 알기에 크게 좌절하거나 겁먹지는 않는다. 그저 한겨울의 아름다운 눈도 감상하며 다가올 봄을 준비할 따름이다.

여러분도 주식의 사계절을 받아들이고 겨울 다음에는 반드시 봄이 온다는 사실을 믿고 힘내기를 바란다. 특히 섣부른 매수로 이미 많이 물려 있는 경우에는 모든 것을 하루빨리 만회하고 싶은 마음이 굴뚝같겠지만 더이상 공부 없이 덤벼드는 충동적 매매는 자제하자. 추가 손실만 야기할 가능성이 크다. 원래 주식시장은 물렸다가 돈을 벌며 빠져나오는 곳이라고 생각하면서 좀더 침착해질 필요가 있다. 이 책으로 처음부터 다시 공부하고 멘탈 훈련도 하면서 이번만큼은 다른 결과를 얻기 위해 다른 과정을 준비해보자. 계절은 반복되고 기회는 또 온다. 아쉽지만 미리 대처하지 못한 이번 겨울 동안은 부족한 부분을 더 공부하고 보완하자. 그리하여 다가오는 새로운 사계절에는 같은 실수를 반복하지 말자. 열심히 공부하고 훈련하며 '현금'을 열심히 모아두자. 봄이 오는 소리가 들릴 때 모아둔 현금과 깨달음은 당신의 계좌

회복에 큰 도움이 될 것이다. 만약 봄이 또 오고 그뒤로 가을, 겨울이 오더라도 각 계절의 특징을 이해하고 현명하게 대처한다면 슬기롭게 투자를 이어나갈 수 있을 것이다.

깨달음

때가 되어 닥친 겨울에 너무 놀라지 말자. 봄은 다시 찾아온다.

에필로그

Dear S언니

언니, 안녕? 잘 지내지?

나야 평화.

아마도 언니가 이 책을 받아보면 많이 놀랄지도 모르겠다. 아니 책에 내 이야기가? 하면서.

이 책이 완성되면 언니에게 서프라이즈로 보낼까 생각중이야. 언니 반응은…… 어떨까?

주식의 '주' 자도 모르던 내가 어느덧 이렇게 주식투자를 하며 느끼고 배운 것을 책으로 묶어 사람들과 나눌 만큼 주식에 대해 할말이 많아진 사람이 되어 있어. 하하…… 내가 봐도 신기하다.

돌이켜보면 이 모든 게 다 언니 덕분이야. 내가 회사생활에서 주식이라는 탈출구를 알게 된 것도, 주식 실패 후 다시 한번 도전해보고 싶은 욕심이 생겼던 것도 다 투자로 성공한 실존하는 인물, 언니가 있었기 때문이니까. 내 주변에 그렇게 살아가는 사람이 없었다면 아마 나 역시 대부분의 사람이 그러하듯 주식 실패 후 다시는 주식을 시도할 엄두조차 내지 못했을 거야. 그래서 이 책을 어떻게 마무리할까 고민하다가 언니에게 보내는 편지가 떠올라서 이렇게 쓴다.

지독스레 괴로웠던 첫 투자 실패 후에 언니가 '올바른 방향과 진리'라는 말 대신 그냥 손쉽게 투자 비법을 알려주었으면 얼마나 좋았을까, 정답을 알려주면 얼마나 편했을까 하는 철없는 생각도 했어. 하지만 내가 직접 주식이라는 환경에 적응해보니 언니가 말한 올바른 방향과 진리라는 표현이 언니가 해줄 수 있는 최선의 말이었다는 생각이 들어. 막상 내가 이 정글에서 월급을 벌며 살아보니 주식투자는 기본을 스스로 다지지 않으면 아무리 '거래하는 법'을 알려줘도 소용없는, 아니 어쩌면 더 위험한 것이더라.

언니가 강조하던 올바른 공부법과 진리라는 걸 깨닫겠다고 고군분투하면서 어느덧 들쑥날쑥하던 수익과 손실이 어느 정도 통제되고, 수년간 연속해서 직장을 대신할 수익을 만드는 나만의 방식까지 정립하면서 그동안 내가 깨달은 것을 은유적으로든 직설적으로든 이 책에 담았어. 하지만 잠시 잠깐 물고기 몇 마리를 잡아주는 것보다는 물고기를 계속해서 잡는 방법을 자세히 전하기 위해 노력했어. 그게 멀리 봤을 때 독자들에게 훨씬 더 안전하고 올바른 길이니까…… 언니가 내 책을 읽는다면 내가 바른길로 잘 걸어왔다고 할까? 아마도 그럴 것 같아. 힛~ 어느덧 내가, 내가 그렇게 동경하던 언니의 모습과 많이 닮아 있음을 느끼거든.

언니 말대로 주식에는 어떤 벽이 있고 그것을 넘어서지 않으면 끝없이 주식에 휘둘리게 되는데, 나는 그 벽을 이 책에 나열한 순서대로 공부하며 뛰어넘었어. 주식이 너무 방대한 분야라 단 한 권의 책에 모든 것을 세세하게 Case by Case로 다 설명할 순 없었지만 내가 '어떻게' 공부하고 '어떤 식'으로 생각하며 나아갔는지를 자세히 설명해두었어. 그러니 이 책이 누군가에게 나와 비슷한 깨달음을 얻는 계기가 되었으면 좋겠어.

언니가 지내는 그곳은 어때?

수년이 지났지만 아직도 이른 아침 언니네 집 정원의 짙은 풀 냄새가 생생해. 여전히 그곳은 아름답겠지? 천국 같은 그곳에서, 앞으로도 언니의 삶에 축복이 가득하길 바라.

그리고 내 인생을 바꿔줘서 고마워!

From 평화

독자 여러분께

주식투자는 매우 위험합니다.

하지만 성공적으로 투자한다면 모두가 꿈꾸는 경제적 자유를 누리게 해줄 수 있는 것도 사실입니다. 실제로 그렇게 살아가는 사람들이 저를 포함해 우리나라에 많이 존재하니까요. 그렇다고 해서 당장 직장을 그만두고 주식에 뛰어들라는 말은 절대 하고 싶지 않습니다. 주식은 달콤한 열매가 달려 있지만 살갗을 파고드는 날카로운 가시로 덮인 과실나무 같기 때문입니다. 주식 생태계에 적응해 굳은살이 생기기 전까지는 가시에 긁히는 족족 피를 보게 될 것입니다. 특히 초심자는 반드시 큰 손실을 경험하게 됩니다. 그때 직장에서 주는 꾸준한 월급은 상처를 회복하고 다시 도전할 힘을 비축하는 데 실로 큰 도움이 될 것입니다. 덜컥 소중한 직장을 그만두지 마세요.

전업투자자를 꿈꾸는 분들도 마찬가지입니다. 전업투자자의 삶이 좋아 보인다고 해서 제대로 된 공부와 마인드 컨트롤 없이 수년간 모아둔 목돈, 심지어 대출로 무작정 주식투자에 뛰어들면 위험합니다. 꾸준한 수익을 얻으려면 제대로 된 훈련과 공부가 반드시 필요합니다.

주식 공부를 하고 싶어도 어디서부터 어디까지 도대체 얼마나 해야 하는지 막막해 시작조차 하기 힘든 분들에게 이 책이 조금이나마 도움이 되길 바랍니다. 저는 주식을 '누구나' 접할 수 있는 자료만으로 '혼자' 공부했습니다. 그리고 그 과정을 이 책에 담았습니다. 그러므로 제 책을 통해 주식 공부법을 알고자 하는 분이라면 특별한 인맥이나 큰 금전적 투자 없이 노력과 성실함만으로 충분히 시도해볼 수 있을 것입니다. 그리고 언젠가는 그 노력의 결실로 주식으로 꾸준히 월급처럼, 아니 그보다 더 넉넉하게 벌 수 있는 날이 오리라 믿습니다.

진심을 다해 쓴 이 책이 당신의 노력은 의미 있으며, 지금 당신은 바른 방향으로 나아가고 있다는 확신을 심어주는 마음의 등대가 될 수 있기를 고대합니다. 감사합니다.

이평화 드림

주식 월급 만들기 프로젝트

답 없는 내 계좌 살릴 진짜 주식 공부법

초판 1쇄 인쇄 2023년 12월 22일
초판 1쇄 발행 2024년 1월 5일

지은이 이평화

기획 주순진 **편집** 박민영 정소리 **디자인** 이혜진 **마케팅** 김선진 배희주
브랜딩 함유지 함근아 김희숙 고보미 박민재 정승민 배진성
저작권 박지영 형소진 최은진 서연주 오서영
제작 강신은 김동욱 이순호 **제작처** 천광인쇄사

펴낸곳 ㈜교유당 **펴낸이** 신정민
출판등록 2019년 5월 24일 제406-2019-000052호

주소 10881 경기도 파주시 회동길 210
전화 031-955-8891(마케팅) 031-955-2692(편집) 031-955-8855(팩스)
전자우편 gyoyudang@munhak.com

인스타그램 @thinkgoods **트위터** @think_paper **페이스북** @thinkgoods

ISBN 979-11-92968-87-2 03320

아템포는 ㈜교유당의 경제·경영 출판브랜드입니다.